Punto de Reinicio

Osvaldo J Cruz

EBOOK ISBN: 978-1-963153-75-0

Paperback ISBN: 978-1-963153-76-7

Hardcover ISBN: 978-1-963153-77-4

Dedicatoria

Quiero dedicar este escrito a cada persona que utiliza su tiempo para hacer bien las cosas.

Reconocimiento

Agradezco mucho la oportunidad que me dio el tiempo de ser lo que soy hoy y dejar que mis ideas se publiquen.

Contenido

Sobre el autor

Osvaldo J Cruz se ha venido desarrollando mayormente en el campo de las ciencias, con pocos conocimientos de literatura, pero con la necesidad de expresar sus inquietudes en un teclado. Emigrante criado por una madre apasionada por la lectura, a quien recuerda disfrutando "siempre" de las sensaciones mágicas detrás de un libro.

Descargo de responsabilidad

Los temas tratados a continuación, no fueron escritos con conocimientos o supervisión profesional; por lo que no intentan sean usados como manual. Tampoco están diseñados como una guía, material de referencia o estudio, para personas que conozcan o no, de los asuntos expuestos. Para este fin, deben existir productos creados por expertos. Siendo así, todo lo escrito, una forma de compartir un punto de vista. Lo escrito a continuación o su interpretación, puede "NO" ser correcto. Cualquier intento, personal o colectivo del lector, de usar los siguientes argumentos, según su interpretación, sin considerar lo permitido por nuestras leyes; podrá ocasionarle resultados legales o criminales, que por su puesto no es el objetivo de lo escrito. Los ejemplos usados, no intentan desacreditar aisladamente, son sólo una manera de desarrollar, la idea, en la que son mencionados.

Sin importar los sacrificios que tengamos que hacer.

¡Tendremos que aprender a negociar nuestro futuro!

La ausencia de ayuda efectiva, en temas que nos afectan a la mayoría, generan este escrito. Podemos involucrarnos en un análisis, con el fin de evaluar nuestra participación en algunos de ellos; de esa forma, encontrar una salida a este problema global, que ¡NO! hemos enfrentado de una manera correcta; los cambios. Entre ellos, el "AUMENTO" de los precios.

Introducción

El modo de manejar nuestros ingresos puede ser único; la originalidad, es una característica humana. Sin embargo, siempre queda algo en común: ¡todos compramos! En el mundo se comercia desde hace mucho. aunque la forma y el nombre varíen, seguimos usando mayormente ese modo de intercambio para obtener lo que necesitamos. Cuando por alguna razón se nos dificulta, posiblemente alguien tendrá que hacerlo por nosotros; de cualquier forma, "comprar" es en ocasiones inevitable y disfrutándolo o no, es una responsabilidad de todos.

La maravilla de comprar comienza a cualquier edad; siempre algo nos cautiva e impulsa al deseo de poseerlo. Claro que será diferente, si lo que elegimos como primera compra, tiene un valor monetario que esté fuera de nuestro alcance. En el lado bueno, si logramos lo deseado, se supone que eso nos haría personas más agradecidas. En ocasiones no damos el primer paso, pues no sabemos el resultado a esa aventura. No es raro tener una actitud temerosa ante lo desconocido, aunque después de una primera vez; en este caso después de una exitosa experiencia en algún tipo de compra, ganaremos suficiente confianza que nos ayude en el futuro. Si fuimos tan afortunados en la juventud, que algo no nos estrenó como compradores, tendremos para escoger, en el siguiente nivel, "La adultez"; con seguros, servicios públicos, planes e inevitables contratiempos a los que estaremos obligados. En la actualidad podemos adquirir cosas sin mucha dificultad, de hecho, cada vez hay más opciones, intentando hacerlo fácil y seguro.

Comprar está presente en gran parte de nuestra existencia; Los precios son una pieza "valiosa" en el engranaje; "complicado eso de su variación", como suben y suben y por lo general, es difícil que bajen o se mantengan estables; En la mayoría de los casos, "voluntariamente", aceptamos importes fijados, porque además de necesitar algo y no tener opción de negociar el costo; los fabricantes se esmeran, llamando la atención al mejorar sus productos. No solamente adquirimos cosas que nunca tuvimos o un remplazo a algo dañado; podemos ser deslumbrados por los cambios. El mismo objeto o alguna prenda, con la misma calidad que ya tenemos, pero, con nuevo diseño, seguramente nos atraerá. Las palabras: "Diferente" o "Moderno", tienen valor para muchas personas; haciéndolos sentir que vale la pena el gasto. Entre otras cosas eso explica por qué pagamos por las cosas; ¡pero! ¿qué misterio hace que, incluso teniendo poco dinero, pagamos cada vez más por cada una de ellas.

Es posible que quien tiene un empleo, clame, que no dedica su tiempo a negociar. Para una gran mayoría, "negociar", no es un modo de vida. La mayoría de las personas dedican su vida a trabajar. Fuera de eso, gravitan en lo que pase a su alrededor. Trabajar, tiene suficientes complicaciones como para estar incursionando en otros terrenos. Si a un empleado, se le presenta la oportunidad de negociar; puede que desconozca conceptos elementales, que le permitan tomar decisiones ganadoras para el proyecto; ya que puede no ser parte de su experiencia. Sin embargo, el hecho de cambiar su tiempo por algún beneficio y después usarlo para adquirir alguna cosa a cambio, es un ejemplo de que podemos estar haciendo, "negocios", constantemente.

Desde que nacemos, nos es fácil ubicar, la conexión de expresar algunas sensaciones que percibimos, (especialmente las de incomodidad) llorando. En un bebé, el llanto, además de ser una forma de comunicación, constituye una honesta declaración de necesidad. Al recibir respuesta al reclamo, conscientemente o no, aprendemos. – "Si no obtengo lo que quiero, no paro de llorar". Según llegamos al mundo, brindamos y recibimos, con gestos, palabras o acciones, modos de intercambio. Lo que pudiera considerarse, sin duda, formas de negocio.

Sin embargo, a edades tempranas, no se enseñan con profundidad, ese tipo de materias en la escuela. Lo que tal vez, no nos prepara lo suficiente para intercambios afectivos en el futuro. En esos temas, aprendemos de lo que vemos o nos dicen, personas que pueden, "NO" estar capacitadas en ellos.

La separación en las parejas es algo usual; después de una fuerte emoción que nos deslumbra, provocando sentimientos por una persona; llega la parte difícil. La falta de conocimientos para negociar los intereses de cada uno. Lo que ocasiona diferencias, que a su vez deriva en el deterioro en la relación. Por instinto, ¡resultamos ser malos negociando! nos cuesta satisfacer a alguien más. Resumiendo lo que ya sabemos, sucede al "juzgar" lo referente a otros, con nuestro modo de ver.

Comprar

Es "algo", a lo que nos adaptamos con facilidad. hacerlo y que nos mantenga satisfechos, no siempre se logra, incluso algo perfecto, puede no serlo cuando las manecillas del reloj o el almanaque cambian su posición. En ese caso y a pesar de cómo nos sentimos, con cada compra evolucionamos de algún modo. Muchos factores hacen que, en ocasiones, veamos o analicemos las mismas cosas de una manera diferente, llegando a auto sorprendernos, aceptando lo que antes no o viceversa.

Casi todos hemos pasado por un momento, en el que el dinero con que contamos no es suficiente para lo que queremos; así que es gratificante poder pagar cuando "sí" lo tenemos. Hay personas que disfrutan tanto comprar, que para ellos es una de las satisfacciones más grandes; Con tal de que les creas, comentan que "los relaja". Con lo caro que ya está todo, es un poco difícil eso. De cualquier forma, gastar tiempo comprando, puede ayudar mucho a la economía en general y además de proporcionarnos lo necesario, en condiciones normales, pudiera considerarse un sano entretenimiento.

En ocasiones otros, nos sugieren algo, señalándonos el modo o el lugar, lo que nos hace sentir seguridad; la comunicación es realmente ventajosa. Nuestras experiencias pueden advertir a otras personas en el proceso de adquisición; aunque estaremos de acuerdo en que también, la combinación de prioridades y el sentido del gusto tienden a ser únicos; de cualquier manera, cada uno, después de entrar en ese mundo, acertará, mayormente cuando decide por sí mismo lo que desea.

Hay quien no necesita contar su dinero para gastarlo, La otra gran mayoría, estamos constantemente controlándonos en los gastos para mejorar nuestras finanzas; claro que no siempre funciona como queremos.

Hoy en día tenemos a mano: fuentes de datos, videos, analistas; una lista interminable de genios y teorías en la economía, agregando que tenemos acceso a todo un ejército de libros, con herramientas que lo explican todo; si buscas en la Web, de todas las palabras; frases o ideas, encuentras lo que se señaló al respecto. en medios de difusión, vemos o escuchamos, todas las noticias necesarias para estar actualizados; curiosamente, no estamos encaminados firmemente en detener el aumento en los precios. Si ponemos todo nuestro empeño en informarnos, definitivamente, en algún momento concluiremos; ¡si no sabemos, es porque no queremos!

Tal vez nos decidimos a buscar más información acerca del tema; es posible que terminemos peor; Si buscas lo que escribieron o le preguntas a personas que tienen conocimiento en el asunto, sin duda, recibirás una explicación técnica real a cada fallo, que al final, sólo harán que entiendas lo que en realidad pasa; argumentando que no tiene solución; logrando que desistas y como antes de empezar la investigación, te mantengas al margen. No es que muchos estén interesados en que se mantenga así, por el contrario; quisieran resolver esos problemas; pero, pareciera que cada vez nos alejamos más de solucionarlos. A pesar de que las experiencias anteriores no indiquen que algo va a cambiar, para quienes contamos con pocos recursos y no somos expertos, ¡debe existir esperanza!

Desde pequeños heredamos diversas enseñanzas de quienes nos educan: no digas; no toques; no compres. De esa manera comenzamos nuestra carrera de vivir; apenas aprendemos a hablar nos llevan a la escuela, a la que después vamos solos; uno de los escenarios donde aprendemos todo lo necesario para después saber que decir; tocar y como premio, poder mercar; repitiendo ese modelo por generaciones. Los logros, en ocasiones: serán la diferencia entre lo que deseamos y lo que en realidad obtendremos.

Cuando aún no hemos definido un modelo de economía, tenemos poca orientación al respecto o ambas, el modo en que la manejamos es un asunto que incluso, en una misma persona, puede cambiar. Para ver mejoras, vamos calibrando acorde a nuestro propio modo de ver las cosas.

Algunos privilegiados reciben valiosos mecanismos y consejos de economía. Depende de cada persona el modo de implementarlos, otros, incluso improvisan con métodos e ideas. Exitosos que ganaron mucho dinero, no siempre recibieron orientación de cómo obtenerlo; con sacrificios y aprendiendo, fueron "Escalando" a un lugar al que no siempre pensaron llegar.

Enseñar es una gran responsabilidad. la manera en que verás el mundo depende en gran parte de la educación que recibas, las costumbres que la acompañen, además de la época y el medio en que veas pasar el tiempo. todos esos detalles irán a nuestro almacén, llamado memoria; quien será el suministro del subconsciente; que, influirá grandemente, en la manera en que creamos o resolvemos problemas. Sin olvidar que está en la naturaleza humana "El querer algo más"; sin duda, no siempre se logra.

A medida que pasó el tiempo, casi todos los datos han cambiado. Si analizamos cuánto tiempo lleva el mundo siendo como lo es ahora, con aviones; turismo; etc. será fácil entender, que no tanto; dentro de unos 200 años, las futuras generaciones, ¡esperamos! puedan decir lo mismo. Desde lo más antiguo que se ha descubierto de la existencia del hombre en comunidad; costó una considerable mayor cantidad de años, el llegar a un ambiente social, controlado, como el que hoy compartimos. En leyes y tecnología, han sido los últimos años, cruciales en nuestra civilización. Muy pocos, comparándolos, desde que el hombre comenzó a escribir con coherencia. Pasamos en unos pocos de estos recientes años; de inventar el motor de vapor, a ir y regresar al espacio con un margen bastante seguro. En la antigüedad se diseñaron muchas cosas de acuerdo con la época y sus descubrimientos. Hay personas aun "vivas", que, en su niñez, no existían la mayoría de las cosas, que hoy pensamos que siempre estuvieron ahí. En ese largo camino de la civilización, improvisamos rutas que quedaron, eliminamos o corregimos a través del tiempo. Tal vez esos factores nos revelen respuestas a si vamos, en una dirección correcta, con el modo en que permitimos sean las cosas, aferrándonos a "viejos" o "nuevos" conceptos y si debemos seguir superándonos, en la educación como comunidad.

La medicina avanza todo el tiempo; como resultado, también mejoran las soluciones a algunos problemas en nuestra salud, haciendo que en general, cada próximo año, sea mayor el promedio de vida y junto a otros factores, harán, que no se detenga el acrecentamiento de la población. Este, a su vez, dará lugar a cambios en muchas cosas. En general, es de esa manera que vimos el mundo desde pequeños. estamos adaptados a ajustarnos a esa adición, la evolución que conlleva y es posible que eso no cambie.

Precios

En la actualidad lo que conocemos como: "PRECIO", puede cambiar tan rápido, que realmente asusta. Es un fenómeno que todos conocemos y tiene nuestra atención; no es difícil aceptar, que nos tiene dominados. En etapas de la vida, podemos actuar de diferente manera; la experiencia nos obliga a elegir diferentes caminos; sin embargo, en la actualidad, los niños, adultos y ancianos coinciden en aceptar el aumento del mismo modo. Estudiosos tratan de prevenirnos de estos fenómenos; pero "En realidad", no llegamos a ningún lado con el asunto. Tratamos de cuidar del dinero, mas no de los precios. En un proceso largo, hemos perdido el control y al parecer, no hay algo o alguien que lo permita recuperar.

- ¿Quién fija los precios y su aumento?

Como todos sabemos, casi todo tiene un precio, si hablamos de productos que serán vendidos, la aceptación por, "nosotros", los que compramos, indicarán el futuro de este. El alza del valor original, en gran parte quedará establecido de la misma forma, Según, "nosotros", pagamos. De lo anterior, "Nosotros", determinamos si algo se compra o no. Si algo no se compra en su costo original o cuando se aumenta, definitivamente hay un problema con lo que se vende, el precio o la relación entre ellos. aun así, somos, "nosotros", quien lo decidimos.

Oferta y Demanda

Una de las maneras que nos enseñaron cómo se fijan los precios, es por la relación que existe entre "oferta y demanda". Binomio que usamos para decir como llegamos a un valor o como cambia lo que cuestan las cosas. Buscar la definición, no ayudará mucho; todo lo que hacemos ahora es burlarnos del concepto. Como todos sabemos, "escasez", no es la única condición para aceptar aumentos; estamos tan ansiosos por adquirir, que ya no nos importa pagar más. En ocasiones, no conocemos un producto o su costo, definitivamente eso no nos detendrá, claro que podemos terminar, sin saber, comprándolo a una baja o alta cifra por falta de información.

El análisis al entender la relación puede ser sencillo, incluso para los que no conocemos del tema; sin embargo, como se generan los efectos o como interactúan entre ellos sería más complicado.

Oferta, sería la cantidad que está en venta y demanda: la cantidad que se compra. Vamos a una plaza a punto de cerrar, encontramos a dos vendedores independientes uno del otro, con el mismo producto; nos interesa el artículo. Posiblemente, surgirá una competencia entre ellos, al tratar de ser primeros en realizar la venta. En su esfuerzo por seducirnos, al hablar con cada uno por separado, potencialmente el valor tenderá a bajar, porque existe un exceso de producto, "Más oferta que Demanda". En cambio, si al abrir el mismo lugar, sólo un vendedor, tiene un producto que nos interesa, (ningún otro tiene el mismo artículo en inventario) y alguna persona se acerca con interés de comprarlo, entonces; el que vende, tendría oportunidad de mantener el numero fijado, incluso, es posible que el valor, tienda a subir por la falta del producto, “Más demanda que oferta”.

¡Posiblemente! cada persona sabía todo lo anterior; pero, sin importar si hay más o menos cantidad, pareciera que nos especializamos en lograr que al final, aumenten los precios. Usando la teoría de que nunca tenemos la culpa de lo que sucede, sellamos la victoria culpando a otros.

Personas que saben

Por agruparnos de alguna manera, digamos que hay algunas personas con mucha sabiduría. Ellas, no aparecen de la nada. Muchas, en su niñez, descubren y entienden con facilidad su ventaja intelectual; van forjando su presente, con un inevitable y sólido éxito económico y social en el futuro. Al obtener, reconocimientos; recursos o alguna combinación de los anteriores, los harán merecedores de sobresalir; lo que, sin lugar a duda, generará suficiente confianza, para que terminemos aceptando que deben ser nuestros líderes.

Muchos otros: que tenemos menos sabiduría, vivimos más libres en ese aspecto. Podemos afirmar que los dos grupos, no tendremos los mismos objetivos. Elegimos que nos representen y al hacerlo, los resultados no serán como esperábamos. Entre muchas otras cosas eso puede crear inconformidad. Ellos por su parte, nunca entenderán, la insaciable necesidad de ayuda que exigimos. Mirando el lado bueno, cuando las cosas no funcionan como creemos son correctas, hay algo bueno para los no tan sabios. ¡Somos la mayoría! Aunque, desde la ignorancia, es una ventaja que no siempre usamos; siendo en ocasiones lo único que tenemos para corregir errores que nos afecten. Claro que, siendo optimistas, "En Democracia", nuestra opinión también cuenta.

Esas personas con mucha sabiduría, cuando tienen una inquietud, es posible que usando sus conocimientos puedan encontrar respuestas; por su puesto, están acostumbrados a que tienen pocas opciones de ayuda cuando quieren saber algo, especialmente cosas complicadas que quieran resolver. Si los menos sabios tenemos una duda; haremos lo que hemos hecho siempre, buscar lo que ya escribieron sobre ese tema en cuestión. También pueden ampliar la información si nos urge. Le dedican mucho tiempo a escribir sus opiniones, dándonos la oportunidad de estar informados y compartir terrenos que nos interesan; de esta forma cuando buscamos algo, confiamos. no hay algo malo en eso. Es importante saber que existe información valiosa a nuestro alcance. A pesar de todo, no se ve, un movimiento efectivo en contra del crecimiento en normas y cifras. Tal vez, quienes pueden escribir sobre eso no creen que podemos lograrlo, no les hacemos suficiente caso o no lograron el método correcto.

Si alguna persona con mucha sabiduría opina; quizás afirme, que estoy cometiendo una gran cantidad de errores. Claro que tendría razón; yo no podría verlos. Pero, tal vez esté de acuerdo, en que la idea de "intentar" algo, no está tan mal. Tampoco podrá negar que los precios, son un desastre, están fuera de control y hasta ahora no veo quien nos esté ayudando. La economía en nuestro país nos permite muchos privilegios; aunque, el modelo que usamos como compradores nos está afectando. Así que tal vez, como mayoría que somos, tengamos la oportunidad de ayudar a resolver algunos problemas, que nos afectan a nosotros mismos y que al fin, nos permita seguir comprando en paz.

Aumento

—¿Cuál es uno de los medios propicios fundamentales, para el aumento en los precios? —¡La escasez! —¿Cómo lo eternizamos? —¡Por la falta de conocimientos! —¿Cómo sabemos, que algo aumentó de precio justificadamente? —Sencillamente, ¡no siempre lo sabemos!

Escuchamos razones y en ocasiones las aceptamos; en realidad, la gran mayoría de cambios ascendentes no tienen otra justificación que no sea que: hacemos compras; pero ¡no somos expertos en negociar! Los menos sabios somos la mayoría, así que cuando todo nuestro grupo hace un movimiento de cualquier tipo, dejará un precedente importante.

Como un pobre resultado, logramos que: en la actualidad, la variación de precios sea una cadena que propagamos de persona a persona. Se necesita cambiarlos porque otros lo hicieron anteriormente, es tan dinámico que los justificamos, aun sin tener la seguridad del motivo que los ocasionó; son esperados y obligatorios.

¿Qué hace que suceda con tanta rapidez en todos los lugares?

Responder a esa pregunta debería resultar muy fácil para todos y es que la mayoría los permitimos. Si los precios se alteran arbitrariamente y lo consentimos, todo lo demás, lo hará con fundamento, producto de la búsqueda de un equilibrio; claro; considerando que la mayoría, no vendemos algo más que nuestro tiempo y el salario sigue siendo el mismo; el análisis sigue dejándonos sin ayuda. Los precios no debieran aumentar en el modo en que lo hacen, es sólo un efecto producido mayormente por el desconocimiento. Hemos progresado mucho en tecnología y en la creación de sistemas; pero, se nos van las fábricas, dejándonos sin empleo, atravesamos una pandemia, limitando las horas que trabajamos y sorprendentemente, los precios siguen aumentando.

Las estadísticas de incremento no son un secreto para nadie, cuando notamos que eso pasa, como reacción lógica, buscamos a quien culpar; "seguro es el gobierno"; "Ese presidente nunca me gustó"; ¿Si suben los impuestos, baja la gasolina? "Los Bancos siempre hacen lo mismo". Los menos conocedores, tenemos teorías, que dan respuesta a conspiraciones en nuestra contra y fenómenos difíciles de probar. Podemos ir en busca de los conocedores, que siempre están listos para explicarnos, de una manera bastante complicada, lo que ellos llamarán sencillo y nuevamente tendremos que aceptar la derrota en esa batalla.

Todos hemos sido testigos, de cómo en situaciones críticas (como huracanes), establecimientos han vendido todo su inventario en algunos productos, quedando en espera de más suministros por la alta demanda, que en nuestro universo personal ha creado un escenario de crisis, pues todos estamos preocupados por alcanzar a cualquier costo, lo que antes no era tan importante. Volver a la normalidad no siempre ha sido rápido con algunos artículos; todos entendemos que no falta algo, es sólo que no estaban preparados para ese alto volumen de venta en tan poco tiempo. De esta situación podemos asegurar, que no sólo es importante lo que adquirimos, sino, que, sobre todo, la manera en que lo hacemos; puede llegar a tener más repercusión en el futuro.

Si no tenemos seguro médico, no necesariamente fue una opción; existe una gran posibilidad de que no podemos pagarlo y ¡sí! estaríamos tranquilos aun sin usarlo, por lo menos no tendremos la preocupación de una emergencia; los costos son tan elevados que no siempre elegimos tenerlo, de todas formas, si decidimos incluirlo en un presupuesto, anticipamos, el tener posibles variaciones de alza, en consideración. Cualquier cambio de precios, es un ejemplo preciso de cómo ignoramos la importancia en el manejo de ellos. Han intentado resolverlo ajustando el salario mínimo, tratando de balancear la situación, pues quienes cuentan con poco ingreso, son realmente los que ya no pueden pagar lo necesario; así que temporalmente dan alivio a la situación; que en muy poco tiempo, dejará de serles suficiente, pues la solución no cuenta con un diseño sólido. A la cabeza de los afectados estarán, quienes ganaban la cantidad a la que se elevó el mínimo o más, les costó mucho sacrificio llegar a ese escalón; como todos sabemos, se incrementa el salario a empleados que sobresalen en actividades, se superan o van acumulando tiempo de servicio. Después de la implementación de la ayuda, todo aumentara menos lo que ganan, pues tal vez el empresario no cuenta con recursos en su presupuesto de gastos, para afrontar esos cambios, que hacen desaparecer su reconocimiento y buena intención a lo ganado por el trabajador; sin decir que estarán mejorando el salario a personas que no lo han ganado o la contribución en desestabilizar los presupuestos de los lugares donde trabajamos.

Objetivo

Todos debemos evaluar la importancia de respetar la estabilidad en el precio de las cosas; cómo contribuimos con esa dinámica, qué hacemos bien o no, aprender cómo reaccionamos al cambio de ellos y cómo responderemos a su elevación. Encontrar que papel jugamos y confiar en que puede existir un sistema eficaz, para detenerlos. Si lo logramos, estaremos dando un paso a un futuro económico gradualmente más estable para todos.

Si modificamos la aceptación ante los cambios, definitivamente veremos resultados positivos. Logrado ese punto, sería vital trasmitir nuestras experiencias, para así evitar en el porvenir, la estresante variación que hoy vivimos.

¿Cómo elevamos los precios?

En el pasado, vivimos etapas en la que los precios subieron; un acrecentamiento brutal y sorpresivo en un corto periodo de tiempo, seguido de una caída sorprendente, también en un lapso breve. Aunque algunas personas salieron beneficiadas con el aumento, a la mayoría no les favoreció. Esas experiencias no impidieron que nuevamente sucediera, como forzado por alguna razón fuera de nuestro alcance, cada cierto tiempo se repite el suceso. Como resultado y para complicar la economía, todos los artículos involucrados, quedaron más altos en valor que cómo estaban inicialmente. Encontraremos muchas explicaciones a lo sucedido y un nombre. Las explicaciones varían según quien las enumere; lo que no vamos a encontrar nuevamente es el valor anterior. El nombre es sencillo, podemos llamarlo: Inflación.

Conocemos el término, es muy popular, es quien tiene la culpa de que todo aumente; así pensamos los que buscamos un culpable a esta amenaza. Definitivamente todos entendemos lo que en términos de economía es inflación, pero ¿Cómo logró apoderarse de nuestro dinero tan fácilmente? ¿Alguna forma de combatirla? ¿Además de su significado, que conocemos sobre ese término? ¿Somos parte de su origen o contribuimos con ese desbalance?

Si buscamos información en el asunto, muchos análisis nos explican lo que "NO" resolveríamos; dejándonos la impresión de que es generada o controlada por otros, como: La Reserva federal, agencias de crédito, etc., ya que en sus metas ambicionan: "Ganar dinero y tener el control de este". Cierto que al subir o bajar intereses crean perfiles interesantes que seducen al comprador y crean un efecto de reducción en el valor de las cosas, dando la impresión de ser directamente responsables del control de la inflación.

Dos niños tienen un sólo juguete y no aceptan que el otro tiene que pasar tiempo usándolo; empiezan a llorar. Los padres para resolver la situación imponen un horario, para que cada uno pueda disfrutar del objeto. Al juzgar lo sucedido, lo que más pesa, no es el egoísmo innato del ser humano, sino, el control que las personas con poder tienen sobre nosotros. Con este ejemplo podemos ver, cómo distorsionamos la realidad y hacer una comparación, donde: Siendo adultos y conscientes, necesitamos que alguien nos manipule con tasas de intereses, para que hagamos, lo que debíamos hacer desde un principio: oponernos al aumento innecesario de los precios.

Las acciones de las personas y sus resultados pueden ser impredecibles; aun así, tratarán de ser explicadas con distintas teorías o fórmulas, que pueden; diferir entre ellas según su fuente. Podemos intentar como teoría, inculparnos de ser los mayores responsables de la inflación en la actualidad. Si llegáramos a una situación que provoque, exista inflación; lidiaríamos con eso, pero, no como en el presente, donde nosotros mismos la creamos o apoyamos.

Es muy cierto que la situación en el gobierno de un país podrá tener repercusión en toda la economía, dentro o incluso fuera, a otros que tengan dependencia comercialmente. Lo importante de todo esto, es que esos cambios no son el cien por ciento de nuestra economía, en ocasiones, puede que no nos afecte en algún modo; lo que tendrá un impacto mucho mayor para nosotros en la mayoría de los casos, será, lo que suceda internamente entre nosotros. El tema es muy extenso; pero, podemos acercarnos un poco.

Usando un ejemplo que señala el efecto: Si intentamos comprar más cantidad, que la que está en venta, sin importar el precio del combustible que compramos a otro país, estaremos facilitando las condiciones para crear inflación; también, si nos apuramos en hacer una compra y pagamos una cifra mayor a la que teníamos como establecida, contribuimos con ese término.

Nos pasamos la vida criticando, errores de otros y resulta que estamos contribuyendo con la inflación casi todo el tiempo; muchas veces sin querer, siendo después en gran parte, responsables y testigos de su perpetuidad. Aun teniendo una economía, donde hay abundancia y variedad, en ocasiones no damos tiempo, exista un balance y las cosas no suban de precio. En situaciones de crisis, las autoridades, (con el afán de ayudarnos), intentan minimizar los acontecimientos y no creemos un caos adicional innecesario, el cual sin intención llevará a la falta de productos; como consecuencia, pondrá puerto a una posible añadidura. La verdad, ya estamos tan acostumbrados, que no sabemos cuándo creamos inflación o no. Pasamos de generación en generación nuestras deficientes costumbres, desconocimiento, manejo y ausencia de decisiones mesuradas al pagar por algo.

Si vamos por productos que compramos con suficiente regularidad y encontramos alguno subió, derivara en no obtener lo deseado, pues el dinero con que contamos sigue siendo el mismo; tampoco sería posible hablar con las personas comprando en ese momento, para ponernos de acuerdo en lo que estamos dispuestos a pagar, muchos factores harán, eso sea imprudente y poco práctico.

En la actualidad tenemos pocas opciones; para alentarnos nos decimos; ¡no se puede ser tan negativo! Recordando, a la mayoría no les atrae el negociar, coincidimos en no ser los más felices, pues el valor anterior no regresa, así; solo compraremos lo previsto con lo que nos permita el dinero destinado y todo el mundo contento.

Cuando pagamos más por algo, nos estamos privando de cumplir con nuestro presupuesto; al hacerlo, aceptamos renunciar a lo que podemos posponer, incluso prescindir, "esas vacaciones que tanto merecemos" por ejemplo.

Es muy delicado hacer movimientos negligentes en nuestra economía. Estamos conscientes de que vivimos en una época en que las cosas no tienen un importe fijo y eso tiene que parar. Entendiendo que no estamos haciendo algo bien y cómo repararlo, es la tarea que nos toca. Gracias a la creación de las cadenas en los negocios, no contamos con un dueño físicamente a cargo, lo que nos hace más difícil explicar el dilema. Con esa base quedamos desconectados; nos acostumbramos a no poder "negociar" lo que nos interesa, alejándonos del aumento de los precios.

Todos toman ventajas de nuestra desunión y pasividad, ya no es cuestión de detener, impera bajar, todo en general sube en cantidades alarmantes, llegando al punto de hacer casi obligatorio, ser parte de la avalancha. Los precios son generalizados y desmedidos. En ocasiones fracciones de una moneda reportan movimientos. Los cambios a los que nos enfrentamos no sólo son incoherentes, son abusivos. Las personas no se conforman con cubrir los gastos de algún incremento; obtienen a su vez, ganancias adicionales. Si tenemos un producto que reporta una fuente de ingreso y tiene un costo, que es ahora mayor, se necesita aumentar lo que cobramos para equilibrar, pero ¿qué cantidad seria justa en el cambio? No se toman en consideración esos detalles y eligen un número que adicione ingresos. En muchas ocasiones los empresarios o dueños no quieren ser injustos, pero, la falta de conocimientos de quien provee y la aceptación de quien paga, mantiene infinitamente el círculo.

Protestamos

El hombre, como líder inteligente de nuestro reino, aprende muy rápido a protegerse; tenemos por naturaleza el instinto y las herramientas para perfeccionar. Si algo vemos o nos ocurre una vez, por lo general, lo usamos como referencia en el futuro. Después de tantas guerras en el pasado, tantas pérdidas humanas, materiales, tanta miseria que generan, hemos visto o leído sobre sacrificios que ha hecho la humanidad para lograr cambios; todos costaron mucho. En la actualidad, nos oponemos a ciertas cosas, pero, hemos aprendido, por la historia o la práctica, que lograrlos no es fácil. Sí es un tema importante puede generar molestias o en el mejor de los casos, perder el tiempo. Protestar, en esencia, la mayor parte del tiempo es sólo eso; muy pocas veces obtiene resultados que nos hagan sentir confianza al hacerlo, pues cuando lo hacemos es contra algo o alguien y tendrá una respuesta que puede ser convincente o peor aún, ser ignorados; es triste tener que aceptar las cosas mal hechas en la vida.

La gran mayoría de las personas, vemos en el ejercicio de la protesta, un acto hostil; consecuencia de la experiencia que nos deja, lo que hemos visto. Independientemente del mal hábito de algunas, al ser agresivas y sin importar cómo se haga, la protesta, genera polémica. Para quien ofrece un servicio, vende o para quien sólo opina, el asunto se ve de una manera, aunque, para quien trabajó, con lo que obtuvo dinero, es otra la dirección. Una pequeña cantidad, para un imperio de ventas: no es relevante y podemos entender las razones, pero ¿Qué hacer? Protestar es delicado, incluso siendo cuidadosos (pues sabemos que es muy posible que anteriormente alguien usó ese recurso en una forma inadecuada) posiblemente pensamos: ¡si reclamamos, hay escenarios en los que perderíamos; además la persona a cargo tiene un equipo que seleccionó y la tendencia será protegerlos. Así que, usando un nivel infinito de resignación, tal vez sea mejor nos marchemos con la baja calidad del servicio o producto, para así evitar más frustraciones.

Muchos artículos fabricados con gran cuidado proponían un precio elevado. Nos acostumbramos a ese mecanismo; que sorpresa, al confeccionarlos en otros países perdieron la calidad lograda y no sólo aceptamos el mismo valor; sino que, subieron como todo lo demás. Innumerables artículos fueron aumentados anteriormente y no recibimos algún cambio favorable por la diferencia. Estamos viviendo una época en que cada vez obtenemos menos, nuestro derecho al buen trato y a la calidad de los productos. En la mayoría de los casos, no tenemos quien nos ayude, quien nos apoye, quien se nos una. Lidiamos con Innumerables maltratos diarios, no podemos hacer mucho, cada vez es mayor, los abusos parecen no tener fin.

Algunas veces llegamos al límite; claro que al nivel que hemos llegado en estos tiempos, protestar aisladamente no tendrá éxito. En un negocio, si tratamos de explicarle a la persona que está en la caja registradora donde pagamos, que todo está muy caro, para obtener una respuesta, la persona nos mira con cara de vergüenza y de seguro dice: es verdad, todo está muy caro. Sabemos que esas personas reciben un salario muy ajustado y tampoco pueden comprar lo que necesitan; mencionando que, es casi imposible que el dueño, que es quien tiene el modo en que quiere su establecimiento se comporte, este presente en algún momento, se le pueda explicar el asunto y eso está en nuestra contra. Las cosas nunca serán como antes, cuando negocios pequeños en el barrio, nos suplían con las necesidades y podíamos quejarnos directamente con el dueño, que siempre estaría presente; tampoco tiempos en que salíamos de una cueva a enfrentarnos al mundo salvaje y subsistir, eso lo entendemos; pero ¿cómo detendremos las gráficas del presente?

Estamos acostumbrados a "Tener". Millones de personas de todas las clases sociales, podemos al mismo tiempo, adquirir. Si protestamos cuando vemos que las cosas están caras, al expresarnos no tenemos ningún problema, pues se nos otorga ese derecho; si no logramos algo, es por no hacerlo de la manera correcta.

Aunque no lo hacemos al nivel necesario, somos muy "críticos"; lo que indudablemente sería muy positivo para que algo mejore. Protestamos por todo; hasta por lo que nosotros mismos hacemos, cuando lo hace otra persona lo vemos mal; es un comportamiento frecuente y humano; nos damos cuenta de los errores que cometemos, lo que no garantiza que se repitan o no. Queremos que los líderes den el máximo, estamos convencidos que todo puede mejorar si eso se logra. Una posible realidad es que, por nuestros propios errores, llegamos a un punto en que sólo nosotros podemos mejorar la economía.

Muy pocas personas manejan los precios de manera disciplinada, deben pasar mucho trabajo; sobre todo porque están rodeados por nosotros, los que hacemos que sea inestable el mercado. No es fácil cambiar el modo en que hacemos las cosas cuando no tenemos la confianza en lo que nos proponemos.

Si tenemos que resolver algún asunto, buscamos un abogado; ellos tienen el conocimiento para defendernos de situaciones complejas. En el tema del aumento; ellos, que no tienen que pagar por su propio servicio, aunque les cambien por todos lados, no intervienen en su propio favor. Tenemos que hacer un ajuste y todos somos parte de esa importante misión, no es cosa de la ciudad o del gobierno, es un asunto de información y es responsabilidad de cada persona.

El ser humano ha demostrado que puede superarse y llegar muy lejos, puede incluso formarse una opinión, sobre algo que nunca estudió o siquiera escuchó; eso nos da confianza a usar el sentido común. Algunos tienen mucha seguridad al fijar metas, aunque lograrlas sea para otros inimaginables. En la frustración con el asunto del aumento, la cuestión comienza cuando pensamos que algo está caro y no podemos hacer algo para resolverlo; especialmente cuando casi todo lo está y aún sigue aumentando; existen opiniones de todo tipo, lo que hace el tema aún más complejo.

Vivimos en procesos que han logrado números impresionantes en su economía, contamos con leyes que apoyan la seguridad de la propiedad, a los dueños y a su vez ellos están obligados a respetar a sus trabajadores, lo que permite una relación aceptable. En lo que nos toca hacer con nuestros recursos nunca logramos mejoras. Como rutina, nos hemos refugiado en la resignación y pensamos: me quedaré sin el artículo si no pago ese precio, mentalmente eso nos ayuda a superarlo: "De todas formas, otra persona lo va a pagar", nos decimos. Con seguridad, la mayoría de las personas están pensando igual, claro que no sabemos lo que otros piensan.

Las personas con poder, dinero o ideas de inversión no son enemigos, por el contrario, son una parte importante en el laberinto que nos llevará a todos a tener más. Los líderes que articulan en el país, el diseño o cambios en la economía, tienen que poner atención en no lastimar a uno para beneficiar al otro; tenemos que ser muy cuidadosos al elegirlos y entender la seriedad de sus propuestas. También debemos enfatizar en la atención al cliente, que puede limitar o protegernos de abusos.

Todos entendemos que, para vivir en comunidad, es necesario que una persona tenga autoridad para tomar decisiones por el colectivo, por cuestiones de orden. En democracia, para que exista una persona con poder, numerosas personas lo deben aceptar, también, en si continúa de esa manera o no, pueden tener una crucial participación; claro que, por oponerse o intentar cambios a decisiones de los empoderados, a través de la historia, algunos han pagado desfavorablemente, incluso sin tener éxito en sus demandas.

Para ser elegido en un grupo, la popularidad no debía ser determinante, no siempre personas que agradan nos llevan por un buen camino. Es importante evaluar si esa persona a la que le entregamos nuestra confianza; tiene en sus metas, el desarrollo del país, el futuro cívico; pero, también debe ser prioridad, el mejoramiento económico de los ciudadanos.

Para lograr oportunidad en los negocios no tan grandes, resolvieron crear un sin número de regulaciones, basadas en reglas antimonopolios; medidas que se hacen obsoletas ya que únicamente grandes negocios, en ocasiones, pueden mantenerse contra la enorme ola de medidas y requisitos a los que todos somos obligados. Tal vez todo esté bien en la idea del proyecto original, pero, para los que no sabemos del tema; los consumidores, por ejemplo, nos es complicado actuar a gran escala, pues no tenemos los conocimientos en esos asuntos, incluso tratando de detener el aumento injustificado.

Los seres humanos, en el diseño de sociedad en que vivimos; cargamos con una gran responsabilidad al tener que actuar según nuestras normas; puesto que al aceptarlas pasan a ser obligatorias. Como todos sabemos, en ocasiones, los líderes están exentos del cumplimiento de ellas; lo que puede generar el consenso de que algunos no son tratados de la misma forma que se nos exige. El abuso de poder es uno de los hechos más generalizados y comunes de nuestra civilización, desgraciadamente es muy difícil limitar este hecho, por su naturaleza; es muy delgada la línea, de darle poder a una persona y después limitarlo porque abusó de él. Si escogemos un líder que quiere demostrar que es superior en sabiduría, puede ser un problema: La inseguridad ínsita a restarle importancia a la opinión de los demás, para reafirmar supremacía intelectual; eso hará que sea el único, que pueda tener "Grandes ideas" y sin importar resultados, solo veremos cómo disfruta ejerciendo su autoridad.

Cuando una persona tiene un negocio, trata de crear, en general, un ambiente de respeto, seguridad y confianza; pues a la larga, será exitoso para el futuro de este. Al delegar sus funciones en otra persona, el juicio de decisiones no tendrá el mismo nivel de intereses. Vemos, que en oficinas gubernamentales (que son básicamente propiedad de todos) al no tener competencia, el trato o el servicio, aun siendo deficiente, no existe un modo practico de mejorarlos y al tratar de quejarnos con algún supervisor, resulta común, no recibir ayuda, de la manera que lo haría un dueño. Los procedimientos en esos lugares deben ser muy estrictos, con el “mal trato” y el abuso de poder, ya que son hechos, que siempre van en aumento.

Si una persona o grupo tienen la potestad de decidir en un hecho, generalmente en lo personal, ¡van a favorecerse! es algo con lo que tenemos que lidiar como comunidad. Siempre existirá inconformidad, con lo que para alguien puede ser “justo”. No es extraño que, aunque varias personas quieran lo mismo, cada una lo haga con diferente objetivo; con esa base entenderemos lo difícil que nos ha sido, el mundo civilizado. Las preguntas, respuestas, soluciones o palabras correctas, no siempre las tenemos a mano cuando se necesitan; la percepción de la realidad cambia y los patrones de análisis que usamos, también pueden hacerlo, dependiendo de la situación en que estemos. Es por lo que, expresarnos, exponiendo nuestra inconformidad para buscar soluciones, es importante.

Cambios

Hay cosas que hacemos con dedicación y al pasar el tiempo no las vemos a la altura de lo que creímos o peor aún, tenemos discrepancias con ellas. Si escribes toda una página con lo que piensas y la guardas por algún tiempo, es casi seguro que, al volver a leerlo, no sientas o interpretes lo mismo que al redactarlo, mucho más si pasan años. Podemos cambiar de idea con facilidad, según nuestras necesidades y eso, en ocasiones nos lleva a objetar las reglas que en algún momento pensamos eran correctas.

¿Cómo comenzaron las leyes?

Desde el inicio de la civilización tuvimos que limitarnos. ya que por naturaleza creamos diferencias. Cuando "no" logramos controlarnos, podemos llegar a ser injustos, excesivos, etc. Actitudes difíciles de aceptar o atenuar por uno mismo. Es por lo que necesitamos que sea señalado por alguien más. Entendemos el instinto de supervivencia, "nacimos así", luchamos con sagacidad por lo que estimamos correcto; coordinando: ingenio y experiencia. Nos identificamos con la "responsabilidad" sólo que en ocasiones es cómodo ignorarla. En todas las épocas y culturas, hemos explorado lo que se nos ha ocurrido, intentando aplicarlo y así prevalezca nuestra forma de ver las cosas. No siempre tuvimos éxito, fuimos justos o atinamos a lo apropiado.

Los humanos también somos amantes de las costumbres, nos gusta repetir lo que aprendimos y trasmitirlo de ese mismo modo; costumbres que pueden desaparecer con el tiempo o quedarse para siempre. En ocasiones algunas cosas llevan a otras como: Tratar de abrir un negocio ilusionados con una exitosa mejoría en la entrada del capital que se invirtió y eso puede convertirse en una pérdida de lo que pudo costarnos años de ahorro. Nunca pensamos que podía fracasar lo que tenía tanto sentido en nuestra mente. En otras ocasiones intentamos un proyecto y se convierte en un éxito no esperado. Lo mismo pasa con leyes, sistemas, no siempre puede preverse un resultado. Eso pudiera explicar que deliberadamente no implementamos con el intento de fallar. Claro que siempre se pueden hacer cambios, mientras lo deseado no estén acorde, a para con lo que fue diseñado.

En una época, oficialmente estuvo prohibida la fabricación y venta de alcohol. Evidentemente no tuvo aceptación y la regla cambió con el tiempo. Hay muchas cosas que podemos reevaluar para que nos traigan mejores resultados. Las leyes, en su mayoría, son para mantener el orden o intentar hacer justicia. Debemos asegurarnos de que cumplan su función.

Viviendas

Usando el tema de bienes raíces, como ejemplo de la fluctuación, podemos decir que lo colocamos, como uno de los primeros en el grupo; anuncian el nivel de precios en que vivimos llevando el descontrol en ellos, a un nivel insuperable. Una interpretación tan mala del modo de adquisición, que comprar una propiedad se ha convertido en un desatino.

Apelando al mencionado "sentido común", es más seguro hacer las cosas con supervisión de personas que sepan del tema. Si quisiéramos una propiedad, buscamos un vendedor de bienes raíces. Él sabe de eso. usándolo como ejemplo, nos explica de una propiedad que tiene un precio en el mercado. ¡nos interesa! pero, no tenemos suficiente dinero para comprarla al contado, así que necesitamos que un banco nos haga un préstamo, en ese proceso interviene una persona que evalúa y certifica por escrito cuánto es el valor máximo de la propiedad en cuestión, uno de los requisitos que solicita el banco para prestar el dinero. En ese proceso ya tenemos dos que saben "ayudándonos".

El agente de bienes raíces, nos da una cifra, con la que está de acuerdo el dueño de la casa, que puede ser mayor que el que fijó quien evalúo la casa. De cualquier forma, posiblemente el ganará una comisión según la venta. Pensamos que, siendo supervisados por una persona con experiencia vendiendo casas, estamos seguros; esa persona, generalmente, no enfatiza, que la propiedad tiene un valor que no es ventajoso para quienes compramos, de cualquier manera, como dato de su experiencia argumenta que la casa será vendida.

realmente él es sólo un intermediario, entre el que vende y nosotros, claro que, en cuanto al "valor", logramos, con nuestra conducta en el pasado, anular su concejo y supervisión. Hemos tenido que evolucionar juntos. Les hicimos entender, que, para nosotros, ya no es importante el precio correcto, sino, lo que estamos dispuestos a pagar. Mantenerse al margen al opinar acerca del valor no ayudará mucho, de cualquier forma, él ganará el dinero de su comisión por la venta. No pueden hacer mucho al respecto, supongo que, de alguna manera, para él es justa su actitud, en no oponerse o advertirnos demasiado en cuanto al elevado monto.

El que evalúa la casa para el banco, generalmente, estará preocupado en saber en cuánto se han vendido casas en esa área, para establecer una comparación y decir si la casa en esos momentos vale como las otras que se han vendido; para él los detalles de terminación, pueden no ser decisorios entre dos propiedades parecidas en tamaño. Opinar o advertirnos sobre nuestra compra, no es su problema, debe considerar que es justo, partiendo de que cobra sólo por la función de evaluar y tampoco está en su contenido de trabajo, advertirnos del elevado precio, ya que trabaja para el banco.

En todo este proceso, no veo cómo evadir el hecho de que estamos comprando una propiedad donde planeamos vivir para siempre, en un precio que no es justo para nosotros, mencionando, que, si no la compramos rápido, puede que otra persona se nos adelante. Debemos entender que esas personas en las que nos apoyamos para hacer esa importante compra, aun siendo profesionales, tienen una función definida, pueden ayudarnos a encontrar una propiedad y orientarnos según su experiencia en detalles de esta; pero, aun siendo nuestros amigos, no podrán negociar el aumento que anteriormente ya permitimos.

En la vida vamos descubriendo situaciones; para cada persona, todo tiene una primera vez. Independizarnos no es una excepción; cuando descubres algo, tal vez sientas que pasara por primera vez. De algún modo y a veces con el tiempo, te das cuenta de que no fuiste el primero en muchas cosas. Es así como decidimos ser "los primeros" en mudarnos solos. Después de aprender una forma incorrecta de negociar (sin límites ante el aumento) nuestro primer lugar especial no será otro que un hermoso apartamento, que siendo optimistas rentarlo no fue un gran problema. Las razones diversas, pero, casi siempre es lo que podemos costear cuando ya aprendimos lo suficiente y decidimos mudarnos.

Tener una fuente de ingresos nos da seguridad, con ella aparece también la estabilidad económica, la que siempre están asechando todos los negocios, en especial los que operan dando préstamos, que harán todo lo posible por facilitar información y acceso a sus productos. Una oportunidad que nos dan es prestarnos dinero, para cambiar de vivir rentados, a comprar nuestra propia casa.

Si alguien compra una casa, generalmente está buscando un lugar donde pueda pasar tiempo; se familiariza con los detalles, será el dueño de la dirección donde puede recibir su correspondencia; todos los gastos serán sin duda una inversión para su futuro; se aprende el área. Siguiendo o no, el modo de vida y las costumbres del lugar, se hará parte del vecindario. ¡Elegimos bien! es una hermosa comunidad. Al comprar la propiedad tiene un valor, como sabemos, ese número varía. Si analizamos, que representa esto para los que la compraron. En términos de venta, no hay mucho que hacer. No compramos la casa, para venderla, ¿qué ganaríamos con eso? Recuerda que la mayoría no somos negociantes, ¿Comprar otra? costaría más o menos lo mismo y perderíamos todo lo que sabemos de la casa, como el color de pintura que meticulosamente elegimos para cada habitación, crear el ambiente adecuado etc., muchos detalles que se convirtieron en historia; además, una población en aumento tiene muchos niños, no es bueno cambiarlos de escuela, en fin, sólo sabemos que ahora el valor de la casa es mayor.

Cuando alguna casa se vende en el vecindario a un elevado precio, comparado con el que pagamos, es que estamos seguros de que ya la propiedad tiene un valor superior, aun así, no es necesario venderla. En un vecindario la mayoría de los propietarios, tienden a vivir toda su vida en la misma casa. Ese sería el modelo más común en cuanto a nuestra vivienda.

También vemos que al pasar los años llega la edad de retirarse, ya sus hijos no están más en la casa, sería un buen negocio reducir un poco el espacio y quedarse con un poco de dinero que no vendría mal, no es lo usual, pero, pagó poco por la propiedad así que vender al precio en que está ahora su casa no es una mala idea y tal vez estaría más cómodo económicamente. ¿Sería esa una manera en la que llegaría a abandonar tantos recuerdos?

Hay personas que compran propiedades con el fin de que sean vendidas, usando diferentes técnicas. Generalmente como inversión de valores, prediciendo un aumento futuro, basado en el esquema actual de compra, que irremediablemente las llevará a un costo superior y serán revendidas tan pronto sea posible; lo que hay que reconocer, no es una mala idea, pues dejará ganancias. De las que están en el mercado en la actualidad, una gran parte son con este fin, pero, de todas las que se compran, la mayoría, no vuelven a venderse.

Otros que compraron más de una propiedad por diferentes razones, deciden poner alguna en alquiler, que lo ayudarían como fuente de ingresos. Si tiene un préstamo que pagar además de los impuestos, a largo plazo les dará una opción para el retiro. Siempre hay contratiempos, pero, todo parece funcionar de maravillas, están contentos con el precio que reciben por la renta, aunque el valor de la vivienda ahora es mayor, no los afecta porque pagaron menos por el inmueble y están conformes con los ingresos que les proporciona; aumentar el alquiler podría costar que los inquilinos se marchen a otro lugar, así que consideran el mantener la renta estable.

Siempre recibimos información en cuanto a los "precios", es un tema sensible para todos; es inevitable que todos se enteren, que, los nuevos dueños de alguna propiedad cercana pagaron uno, más alto por ella, comparándolo al que ellos pagaron. El nuevo propietario decidió alquilar, pero, debido a la cantidad que pagó por ella, decide aumentar considerablemente la renta, para equilibrar su inversión y sin algún contratiempo, el nuevo local del vecino es aceptado por sus nuevos ocupantes. Eso les alerta que es hora de un incremento, porque ahora la cantidad que reciben es inferior a la que actualmente otro ingresa. Si se demoraron mucho al subir el costo de la renta, puede ser un inconveniente subirlo de un sólo golpe, por diferentes razones, pero, eso no los detendrá. Tal vez los inquilinos acepten el cambio o se marchen y encontrarán otros que se acomoden a la nueva tarifa. Todo este movimiento sigue siendo legal y para el que obtiene ganancias supongo que pueda ser justo, pues necesita obtener ganancias por su inversión, sin importar que el pagó menos que lo actual, si pueden recibir más porque no. Claro que los que pagaron mayor cantidad por la propiedad no tienen opción en el precio; tiene que ser elevado para poder cubrir sus gastos, eso hace que el aumento no se pueda discrepar y sea estable la competencia.

Las personas que rentamos no tenemos muchas opciones, ya que sucede lo mismo en todos los lugares. No queremos hacer cambios súbitos que nos podrían costar: molestias y al final, más dinero así que contentos o no, aceptamos. Como argumento, usamos lo de siempre: Es un efecto donde todo está conectado. Por la abismal diferencia permitida en los precios de la renta, los dueños elijen alternativas que no ayudan al comprador.

Si compraste una propiedad justo cuando los precios estaban en su punto máximo y tienes poca paciencia, además de propiciar un medio adecuado para la inflación, puedes estar en problemas; el aumento antes de tu compra fue desmesurado y las propiedades pueden bajar, dejándote con una hipoteca mayor que la actual para el mismo tipo de propiedad. Todos esos efectos, en ocasiones son temporales y las propiedades suben de valor rápidamente, como ya sabemos.

En ocasiones se compra una casa y sin hacer alguna inversión de reparación o mejoras, se beneficia al coincidir con alguien que le hace un excelente trabajo de remodelación a una propiedad en el área o los alrededores son mejorados, ayudándolos a que el valor de la propiedad aumente.

Cuando una persona quiere vender una propiedad, aun viviendo fuera del área donde la tiene, no cuenta con el valor en que la compró, como quiere obtener el máximo por ella, solicita los servicios de un agente de bienes raíces, para ponerse al día en el precio actual de la propiedad.

Por lo general cada familia tiene su vivienda, algunos prefieren vivir con otras personas por diferentes razones, pero, incluso no cumpliendo con nuestras necesidades, presupuesto o ambas, "casi" siempre hay inventario de propiedades disponibles, asegurarlo es complicado; además quien quiere ser parte de un "casi" pero, en general diríamos que, de algún modo, aunque la población aumentó, la cantidad de propiedades también lo hiso. Al interesarnos la compra de una casa, que sea de nueva construcción no es importante en el asunto; el precio toma las riendas. Construir una casa toma tiempo, si está rentada y a punto de ser desocupada también, si nos decidimos a comprar una casa es muy posible que no esté lista de inmediato, lo mismo sucede si queremos quitarnos la preocupación de las reparaciones o no tenemos suficiente dinero o crédito y sólo alquilamos la propiedad. En ese momento, sale a jugar, lo que aprendimos; hacer lo que se necesite, para mudarnos lo más pronto posible.

Pagamos

Que contribuyamos con los impuestos de la propiedad, no hay duda de que es importante, no recibirlos sería un gran problema para el país. Cuando deciden subirlos, por diferentes razones, entonces nos pasan el problema. Quien tiene su economía planificada se ve afectado, lo que llevará, como sabemos, a limitaciones en lo menos necesario del presupuesto, que siempre es parte de nuestro disfrute, pues estamos obligados a pagar el aumento.

El seguro de los carros es astronómico, ¿cómo sabemos si es demasiado lo que nos están cobrando por los seguros? ¿qué haremos? ¿será que realmente hay muchos robos y accidentes? ¿cómo detenerlos?

La policía, no tiene suficiente personal, así que digamos que es deficiente, es necesario que se cumpla el orden, en eso estamos de acuerdo. En ocasiones abusan del poder que le dimos, no hay necesidad de que sean violentos o que nos maltraten sin necesidad. Aunque tienen que lidiar con delincuentes, eso, no quiere decir que todos lo son. Al ser limitada su plantilla, no pueden hacer un trabajo que ayude a crear costumbre en cumplir con el orden; hay mucha agresividad en la carretera. conductores que no ponen atención en las señalizaciones, límites de velocidad, al parquear, hacerlo de manera correcta, cuando hay líneas para indicarlo y eso es mayormente, culpa de la policía, que no cuenta con los recursos necesarios para tener personal disponible, lo que permite el aumento de ese desagradable comportamiento. De alguna manera permitimos que los fondos que se usan para la policía sean menores o no se usen de acuerdo con el aumento de la población o vehículos. El descontrol y la tolerancia de los agentes del orden, a las violaciones del código del tránsito por los choferes, generan más accidentes; obligando a las compañías de seguros a tomar medidas, las cuales nos afectaran directamente a todos. Si hay crimen, tiene que prevenirse, si no es suficiente el castigo, tiene que llegar a serlo. Se cambian muchas cosas, pero, es difícil cambiar las multas o castigos por algunos hechos. Si sus resultados legales no son suficientes, deben ser más estrictos o mayores para evitar que sucedan. Tenemos muchos gastos con las prisiones y las fronteras, que son la forma de garantizar la tranquilidad fuera de ellas, pero, podemos donar grandes cantidades como apoyo fuera del país a quien lo necesita. Necesitamos personas con sabiduría trabajando para que el país sea exitoso. Existen diferentes teorías y todas deben tener fundamento, pero, debemos ajustar el capital, para que mejore nuestro bienestar y hacer cumplir las leyes para poder disfrutar de la seguridad que nos aportan.

Vas a una estación de servicios, necesitas combustible; sólo tienes ganas de quedarte en la casa, aun así, te esfuerzas por cumplir con tus deberes. Qué sorpresa camino al trabajo ¡El precio de la gasolina aumentó! creo que es mucho. Decides irte y no comprarla, a su vez faltas a tus labores, porque no tienes suficiente para ir y regresar.

–¡Qué rara esa persona! dice: “que está muy cara”; todos estos clientes que están comprando, no tienen esa locura.

–¡Qué pena despedirte! esa justificación del combustible caro no fue suficiente.

Así es la realidad en que vivimos; si decidiéramos tomar acción independiente en algún aumento importante, estaremos sin apoyo. ¿Cómo haremos?

¿Cuál parece ser el problema?

La causa Fundamental que crean el aumento o los cambios radica en que, "Cada persona, por separado, no responde adecuadamente a ellos". Muchos siguen muy de cerca los gastos de todo lo que adquieren. En la mayoría de los casos, buscan el más económico, de esta forma el dinero les alcanza para otras cosas; un buen método de economía, podemos decir. Donde cambia el panorama es, cuando la opción económica "aumentó". vemos que todavía sigue siendo, en comparación, barata, pero, pagar esa diferencia será, además de un golpe en contra del presupuesto, el modo de aceptar nuestra falta de educación al negociar. Otras personas, priorizan la calidad de los artículos (que casi siempre tienen un valor alto) aunque eso no les dé un margen para otros gastos, que no por ser caras dejarán de ser incrementadas.

Cuando algo no funciona bien, todos nos damos cuenta, vemos los motivos o errores, cierto que, en ocasiones, corregirlos esta fuera de nuestro alcance. No es un problema de necesidad, sucede lo mismo en todos los lugares, es que no hemos sido enseñados a controlarnos en ese aspecto.

¿Cómo llegamos a este punto?

Sin darnos cuenta, Constantemente facilitamos el aumento de los precios. Todos sabemos cómo funcionan los sistemas. Hemos creado uno; en cuanto a los cambios se refiere y no será fácil modificarlo. No es necesario culpar a alguien. Sí, será importante decidir si los compradores contribuimos o no. Sin esa respuesta, no podremos avanzar a una mejoría; si no determinamos la gravedad en el modo en que hacemos nuestras compras o aceptamos cambios, sólo continuaremos lubricando el engranaje, a ese mal que nos afecta a la mayoría.

Como mecanismo de defensa, podemos adaptarnos a perder; lo aceptamos y si logramos justificar el motivo, hasta llegamos a sentirnos a gusto cuando lo hacemos. Tenemos innumerables ejemplos de cómo desviamos la importancia en el manejo de los precios. Los aumentos en ellos, creados por nosotros mismos al pagar por algo, sin importar cuál sea la razón, temporal o por emergencia, lo convertirán en permanente. Ver a una persona de no tan altos recursos luciendo un artículo "caro"; no nos incomoda; en realidad, ese no es el detonante. Que cada nuevo modelo sea sustancialmente más caro que el anterior, sí.

Al necesitar algo; existe la tendencia de ver más importante la adquisición que el costo; lo que puede convertir el modo de comprar, de un valor estable a una "subasta". Todos escuchamos muy a menudo: "no importa lo que me cueste". Debemos estar conscientes que esa realidad nos afecta a todos. Es muy difícil para las personas de poco ingreso el actual mundo de los costos. Tenemos que darnos valor; contribuimos con la sociedad, con sus leyes; nos acercamos a la tecnología cada vez más, mayormente para información y entretenimiento, pero, estamos separados en los "Cambios" en una época en que no es necesario.

En algunos países la constante escasez atenta contra la estabilidad de los precios; en todos no es igual, estarás de acuerdo viendo las cosas que tienes almacenadas en desuso. Para nosotros, la falta de costumbre o el desconocimiento, primordialmente nos llevan a él infructuoso e indetenible aumento. Si le dices a una persona que tiene una gran parte en la responsabilidad en el valor de las cosas; tal vez sería injusto, pero, es casi seguro que los cambios desfavorables en los precios no han sido impedimento cuando pagó por algo.

La juventud está, junto a nosotros, creciendo en este descaminado modo de gasto; debemos explicarles a ellos que saben todo, que erramos en transmitirles un equivocado método. No es raro sentirse incómodo, al no poder adquirir lo que otros sí. Crecimos en un ambiente de competencia: "quien es: más inteligente; fuerte; rico; etc."; en todos los medios las noticias resaltan todos esos detalles, son parte de nuestra vida. En los centros de enseñanza, de trabajo, etc., existen reglas de costumbre o "códigos" que, sin estar escritos, se trasmiten a través del tiempo; lo que nos hace actuar de un modo específico. Desde muy temprano en la vida, hacemos cosas que aprendimos del hábito de otras personas. Así que tenemos suficiente justificación para haber llevado todo lo que hacemos, al nivel en que está.

Estamos acostumbrados a pagar y eso nos hace sentir orgullosos. Cuando algo nos urge, no vamos a ponernos a buscar el modo de cómo comprar; en ese momento, ya debíamos saber todo lo referente a los precios y su repercusión. Vamos a otro país y sus costos son diferentes con los turistas; eso se puede entender, pero, al igual que en los paquetes de vacaciones que compramos, el aumento de precio o la reducción de nuestras ventajas, los llevan a el abuso. No respondemos a esos cambios y al permitirlos, demostramos aceptación. De una forma indetenible, también estaremos acelerando la inflación en el lugar.

Algunas comunidades tenían muy poco; eso aumentó la precaución con que manejaron sus recursos económicos; a ser celosos con lo poco que tenían. Otros países, hemos tenido riquezas naturales o el mismo modo de economía nos ha permitido "adquirir". Sólo que, al no poner atención a los cambios, a largo plazo, todo lo que hacemos es desperdiciar las posibilidades que tenemos de solidificar la economía y hacer nuestra vida más fácil.

El pago al empleado no es igual en todos los países. Una persona proveniente de otro sistema, tal vez, recibió menor valor monetario por su sacrificio o un recién graduado; sabemos cuánto les costó a sus padres su enseñanza. Como es natural, al integrarse a nuestro mercado y ver el descontrol generalizado, consiente de la manera que funciona la economía del resto y según su salario, va a rentar o comprar una propiedad, un auto, producto o servicio que virtualmente ya está sobrevalorado. Todavía va a sentirse contento, porque aun haciendo todas las cuentas necesarias, es capaz de pagar por primera vez por el lugar donde vive o por su transportación sin mayores inconvenientes. Sin sacar cuentas, que anteriormente, podíamos pagar menos por todo eso y dedicar una cantidad para otros gastos. Eso lo hemos logrado nosotros con nuestro mal ejemplo, orientándonos a un futuro inestable.

¿Cómo resolver el problema?

Poner la mejoría económica en manos de los líderes, ha sido una tendencia esperanzadora; debemos entender que eso no ha solucionado y es casi seguro que no resolverá los problemas con los precios. Por muy poco tiempo en alguna época el poder y su influencia "permitieron", que la economía se mantuviera en aumento; a su vez, favorecían con ayuda a otros. En el presente además de dejarnos sin empleo con erróneos cambios, continúan ayudando en el exterior, limitándonos de la ayuda que necesitamos. Los cambios que estén fuera de nuestro alcance pueden hacer las cosas difíciles; el éxito en la economía de un país es tan complicado, que es inusual ver a uno que logre crecer tanto, como los adinerados que lo habitan. Es responsabilidad de los líderes, en la parte que les toca, monitorear y resolver la evolución, efectividad y éxito del país, pero, en la casa, tenemos que recuperar el control y ahí la obligación es toda nuestra.

Luchar contra la actual manera de comprar, puede ser una forma enérgica con la que exigiríamos un cambio en algo en lo que no sólo necesitamos, sino en lo que debemos estar juntos. Si los nuevos integrantes ven que nos acercamos a los precios de un modo diferente, tendrán opciones y un mejor acople.

Quien ofrece algo quiere que su precio sea justo; no tenemos problemas con serlo; claro que ahora que están en aumento; quien de los que ofrece algo a la venta es justo con nosotros. Está más que claro que "NO" hemos recabado exitosamente en el tema. Estamos desorientados en los ejemplos y eso frena posibles soluciones. ¿Quién se encargaría de aliviarnos? si para comenzar la mayor parte lo creamos y financiamos como colectivo. Además, que ganaría alguien con la influencia y alta estabilidad económica necesaria, en que los precios sean estables; si todas sus inversiones van en aumento.

Intentando advertir sobre el problema. ¿Cómo explicarle? a una persona que ve que a su alrededor todos compran de todo sin importar el costo; cómo negociar o aún más importante; el impacto de esa operación en el futuro. Cada cuál saca sus propias conclusiones.

Si estamos conscientes de que pagar más por algo, no importa cuál sea la razón, muy pronto se convertirá en un gran problema ¡podremos resolverlo! Cierto que vivimos etapas como "La guerra" en que, al limitarse la cantidad o el acceso, creó necesidad, incertidumbre y sabemos a dónde fue todo. En la actualidad, sin esas situaciones, nos acomodamos pensando que no tenemos opción en cuanto al aumento. ¡Sí las tenemos! lo cierto es que estamos acostumbrados a que una regla o valor se cambien, sin respuesta alguna de quienes obedecemos o pagamos.

Sacrificio es una de las cualidades de todos los animales; nosotros los humanos por ser los más inteligentes, honramos ese concepto. Usando ese privilegio, veremos cómo controlaremos los precios, sentando las bases para las compras en el futuro. En el presente, quienes tienen que vender caro, podrán estabilizarlos y hasta reducirlos, ya que exigirán que sean de igual manera en lo que necesitan. Será una tarea de todos, sin extremismos; una solución simple: ser serios en evaluar cómo respondemos a los cambios. En los medios de difusión debemos escuchar que en el país; en la actualidad, somos los ciudadanos; los mayores responsables de la inflación en que vivimos.

Tenemos cómo buscar referencia de precios anteriores; lo que nos ayudaría a juzgarlos en el presente. De la circunstancia en la que vivimos, el "PAÍS" no tiene toda la culpa en el precio que pagamos por las cosas; creer que es así, puede ser el error más grande que estamos cometiendo.

En momentos muy difíciles para la economía de todo un país, algunas personas han hecho una fortuna por estar en una rama donde el negocio aumentó más con la crisis. Si hacemos algo bien, repercutirá en la economía del país, claro que en lo que al país le concierne; se les ha escapado la economía por errores mayormente establecidos fuera de nuestro alcance; aunque sabemos que los permitimos al no oponernos.

Una manera segura para la economía sería, que cada persona actúe, pensando en un futuro económico estable. Si nos propusiéramos, que vamos a tomar en serio el aumento; definitivamente veremos cambios positivos. Cada uno de nosotros debe evaluar si al no tomarlos en cuenta, nos estamos afectando todos. Si aprendemos que pagar es más importante de lo que creemos, si somos cuidadosos al comprar, por su puesto, que cosecharemos mejores precios.

Es curioso escuchar a las personas decir: "¿Viste que caro está todo?" Exclamando como espectadores; sin implicarnos, como directos responsables de la crisis. También es usual escuchar: "¡Todo está subiendo!" Debemos dejar atrás esas barreras. Buscar soluciones al problema, agruparnos en un método, ¡cada uno de nosotros!; es importante y es por lo que nunca superamos los cambios. Dejar de comprar algo que aumentó sería de ayuda; hasta que el precio vuelva a la normalidad. Es hora de actuar y todos juntos lograr decir: "¡Todo está bajando!" En su momento, que cada persona sepa que: "¡Todo tiene que mantenerse!"

¿Por qué razón, no podemos hacer algo para mantener los precios estables?

Como todos sabemos, es duro eliminar hábitos que nos afectan. Sabemos que cambiarlos voluntariamente, es muy difícil para la mayoría; no es un defecto, es nuestra realidad. La deficiencia de controlarnos conscientemente no es algo nuevo; con esto veremos, lo difícil que puede ser luchar en contra de los cambios y precios.

Si apoyamos el diseño de ayuda correcto, veremos, de qué somos capaces. No comprar algo, que cambie a un precio superior, podemos considerarlo sin duda, un acto pacífico de rebelión significativo en contra del aumento.

¿Qué debemos hacer ante un aumento?

Si analizamos para quien es más importante llegar a un acuerdo; en ocasiones, el que vende; renta u ofrece un servicio, está más comprometido, que quien lo necesita; pues tal vez ya tuvo gastos o convenios. A veces, como clientes, según el caso, eso nos da un poco de ventaja aun necesitando algo. Por lo general podemos buscar otras alternativas, incluso prescindir de ello; claro que, si quien ofrece, no quiere negociar la reducción de su precio lo entendemos. No queremos que personas que venden algo tengan dificultades; desgraciadamente, son muchos los casos de vendedores que las tuvieron por no vender suficiente.

Los compradores tenemos diferentes métodos; que varían, desde pagar lo que se necesite, hasta no comprarlo; según la persona, su economía y las circunstancias. Para los que usamos el método de, “lo compro todo”, es casi un instinto en ocasiones y de lo comprado, no preguntar cuánto costó, puede ser una tendencia.

Archivamos “males” en la historia del mundo; algunos estaban; otros los creamos. Los que no desaparecieron con el tiempo, los ubicamos y de algún modo, hemos buscado solucionarlos. De lo que antiguamente eran grandes males, muchos, ya no lo son, pues los hemos controlado; en ocasiones los prevenimos. Actualmente lidiamos con males innecesarios que no logramos corregir, como la guerra, que nos amenaza constantemente; sin lugar a duda, culpa de la mala elección de líderes, con esa tendencia.

Evitando una sustancial lista, uno de los males modernos que atraerá la atención de la mayoría sería “El aumento”. Una acción tan conocida, que debía estar controlada; sin embargo, a pesar de lo inofensivo que parece, podemos decir que, en la actualidad, está en la competencia. Diciendo esto; necesitaremos educación y esfuerzo, para vencerlo. El desconocimiento en la importancia de la unión, en negociar los precios es tan grande que, reparar ese patrón, será difícil, incluso siendo prudentes con nuestras compras. Si juntos, superamos grandes males como: conquistas; esclavitud; inquisición; discriminación y enfermedades, entre otros importantes, de igual manera, seremos capaces de controlar, la plaga del presente, “El aumento”.

¿Cómo empezamos?

El aprendizaje, como es conocido, es más sencillo a edades tempranas, si no incluimos inquietudes acerca de los precios a nuestra descendencia, estarán adentrándose en la madurez a ciegas en cuanto al tema. Es importante que nos hagamos notar; sería optimo crecer en un ambiente donde todos se preocupen por ellos, especialmente ante el encarecimiento. Tratamos de educar a los hijos y ensenarles los peligros del mundo como qué; ¡Un León es peligroso! Muchas personas no han visto en la vida uno de cerca, en su habitad natural o de lo que es capaz y todavía saben el peligro que representa, pues hemos enfatizado en mostrarlo. En ocasiones, escuchar o leer algo puede mostrarnos un camino diferente, todos tenemos un familiar o un conocido de quien aprender o con quien compartir inquietudes y conocimientos en el asunto.

Poder documentar experiencias de una forma organizada, es un factor importante para el futuro. En nuestro planeta, sólo nosotros, los humanos, podemos utilizar la enseñanza, de una manera amplia y práctica; eso, todos lo sabemos. Tenemos que tomar ventaja del legado cultural que hemos creado, para mejorar el modo de adquirir; determinarnos a dar un cambio en el modo que manejamos los precios.

Estamos en un punto en el que no es fácil el comienzo. Tenemos arraigado un polémico formato al hacer nuestras compras. Podemos estar seguros de lo que seriamos capaces de hacer, pero ¡siempre existe la duda! ¿qué hay si nos quedamos solos intentándolo? ¡Como en una reunión! que una persona aplaude y nadie más lo hace. Quien piense así tal vez no este usando la tecnología actual. Se necesita conocimiento de las leyes para sugerir un método, pero, muchos que nos rodean y sufren con la situación en que vivimos, lo tienen. Una solución correcta, dirá, cuán lejos llegaremos. Imagina a alguien, intentando navegar un crucero y atender a todos los pasajeros sin ayuda; sería irracional; en cambio, si hablamos de la forma en que se realiza esa tarea (con la cantidad de personal adecuada y cada uno con conocimientos de su función) llegamos a la realidad, hacemos que la idea no parezca infantil y eso hace que cambie todo el concepto. Es "conclusivo" que al principio tengamos una guía, un proyecto con bases legales y una estructura sólida, que nos sirva de apoyo, para que los cambios sean coherentes y ordenados; Si cada uno busca una referencia, que anticipadamente estamos seguros de dónde encontrarla, seguramente, todo el que pase por esa compra definitivamente tendrá la opción de abogar por su economía y su futuro. no es obedecer a alguien, pero, muchas organizaciones tienen información valiosa, que nos puede ayudar al principio, con un descenso gradual en los precios; para así, pagar lo adecuado, llegando a un valor estable por cada cosa. En la actualidad buscamos en la web, pero, no tenemos un límite o referencia a seguir, con el propósito de inmovilizar los precios, para la tranquilidad de todos. Después que todo esté establecido, sólo será seguir cumpliendo con nuestra meta. tenemos que estar convencidos y confiar que un importante número de personas, antes, junto o después de nosotros tomara la misma decisión; que cada comprador aprenderá a valorar la palabra "aumento" y sepa no está solo, cuando deja de comprar un producto o de pagar por un servicio que ha encarecido. Siempre hay quienes no cooperan; pues tienen sus razones, pero, si la mayoría actúa de forma equilibrada, “a la larga", veremos resultados. Hay momentos en la vida que pasamos por algo que nos hace reflexionar. La situación financiera que estamos viviendo, no es una buena experiencia y merece atención.

¿Qué pasaría si decidimos reducir ese alto valor al comprar, rentar o solicitar un servicio? Digamos que al que invirtió menos, por hacerlo en otra época; no le haría feliz la idea, pero, tal vez pueda negociar o aceptar la reducción y adaptarse. El que pagó mucho por su inversión no tiene opciones, debe mucho aun y no será suficiente para pagar lo que debe si el precio es reducido. Por nuestro error al permitir que aumentaran tanto, ahora tienen que exigir un precio mayor para compensar por sus gastos. Lo que pudiera ser un hecho es que, cuando algunos pocos, inexpertos y negociantes sin escrúpulo, quienes pagaron mucho por su inversión, por necesidad o deliberadamente; intentan estabilizar su economía, otros muchos que no son afectados, están tomando ventaja de la situación. Como resultado ahora “todos” los clientes estamos pagando más.

Si compramos una casa, que el costo que terminamos pagando mensualmente, es un poquito más de lo que cuesta la renta en la misma cantidad de tiempo, ¡tiene que ser un buen negocio! Porque al final es nuestra casa. En realidad, ¡no es un buen negocio! Al comprar una propiedad, la suma de gastos por adueñarnos de ella (Préstamos bancarios, impuestos, seguros, cualquier otro gasto como propietario) debe ser menor que el de la renta de esa vivienda en ese mismo tiempo, pues no tendríamos la opción de rentarla en un precio que nos permita seguir cumpliendo con los gastos llegado el momento, sólo estamos alimentando la inflación; tal vez esperar a que el valor sea el deseado, sería mejor negocio para el que compra y para el futuro de todos.

Es en un examen personal, donde decidiremos si vamos a formar parte de la coalición en contra del aumento innecesario de los precios, de una manera diferente a la que estamos acostumbrados. Para lograrlo estaría basado en algo que hemos usado antes: "La unión".

Poniendo especial atención en cómo iniciaremos; debemos encontrar una forma en la que se amalgamen muchas personas. Sería optimo que tuviéramos como mínimo, un plan; si logramos ese comienzo, a partir de ese instante, todo puede cambiar. Estimar apoyo para unirnos, no parece ser tan arriesgado y puede ser determinante. No debemos permitir que se eleven los costos de una manera drástica en ningún nivel.

No sería efectivo empezar separados. Usando un modo qué, con bases legales, orden y sincronía, plantee un programa que genere resultados positivos y nos facilite una forma segura de hacer cambios; los que después seremos responsables de mantener, sin ayuda de alguien. Es importante mantenernos unidos, luchar contra el aumento de los precios y gradualmente reducirlos a una cantidad justa. Tuvimos tiempos en que eran inferiores a los actuales y los vendedores maniobraban sus ventas.

¡Pero Si! hay una manera, decir: ¡No! esperar, sacrificarse por el bien de nuestro propio futuro. Tenemos membresías, seguimos canales, pero, no hay un sólo sitio popular, al que podamos afiliarnos, que diga, que somos miembros y estamos en contra del "aumento".

En una base legal y seria; dispuesta a cooperar, donde exista información o cómo accederla.

Tenemos que aprender a defender nuestros derechos de comprador, sobre todo a comprar sin colaborar con la adición en los precios. Como compradores podemos lograr que se mantengan. aunque no tenemos "inversiones" somos la plataforma fundamental con que cuenta, la mayoría de ellas para lograr su plan de trabajo.

Tenemos que seguir comprando, es necesario y como resultado hará a nuestro país fuerte en su economía, ¡que todo el mundo compre! eso no debe cambiar, sólo que, los "cambios" deben ser limitados.

Si en la actualidad, al llegar a un establecimiento, los precios son mayores de lo que previamente vimos que costaba, no haremos el ridículo de quejarnos, o de no usar el servicio; acaso usamos un modo de crédito para resolver la situación; no podemos esperar que lleguen suficientes personas para protestar, decirles que estamos pagando mucho dinero y que debemos exigir que reajusten los precios a como estaban antes, para llegar a un acuerdo; sabemos que no funciona de esa manera. Sin importar cuál sea el costo, "no" debemos usar un servicio si eso implica un aumento. Si en una propiedad que estamos rentando deciden incrementar el valor, debemos tomar acción buscando soluciones temporales y oponernos. La cantidad de casas en renta o venta no es la diferencia, siempre conseguimos una, así que el precio es sólo parte de lo que, hasta ahora, con muchas pérdidas hemos logrado. Es momento de exigir que las leyes nos protejan "limitando" el aumento extenso en el precio del lugar en que vivimos; (como en algunos Estados que se implementa). "Dé un paso a la luz" cada persona que quiera detener la variación de los precios y las reglas, ver su opinión en las estadísticas; tenemos que entender que, de alguna manera, cada uno tiene que expresar su posición, si seguimos sólo mirando las noticias, no seremos suficientemente útiles. Hoy tenemos redes en las que interactuamos. Si alguien presenta alguna situación de problemas y argumenta que nadie apoya, vemos que recibe un enorme volumen de respuestas. Si el caso es de alguien que hace un llamado, que requiere acción, los resultados serán pobres, por la falta de confianza en la unidad y la pereza que origina.

Punto de reinicio

Tenemos que crear un punto de reinicio; donde cambiar los precios se convierta en un asunto serio para las personas. Ya estabilizados, no permitiremos que se repita el error de que vuelvan a subir, sin una muy fundamentada causa. Crear un mejor sistema para un país, es un asunto difícil y fuera de nuestras manos; Mejorar la manera en que manejamos los productos que adquirimos o no, lo podemos hacer siempre que creemos costumbre, tengamos prudencia y educación.

Unidos o separados

Sería maravilloso y práctico, que todas las personas en el mundo hablasen el mismo idioma; se intentó, pero hasta hoy, ha sido imposible lograr el proyecto. Para muchos, lo que implique sacrificio o salir de su rutina, es difícil de ejecutar; como sabemos, la diversidad de opiniones interrumpe la conformidad. Son motivos por los que es difícil alcanzar algunas metas.

Vemos cómo en comunidad, podemos ser afectados por la apariencia. Si vamos a un Mercado y vemos que muchos de los carritos no están en el lugar asignado para ellos; tal vez llega el momento en que decidimos "dejar de arreglar el mundo" y no lo colocamos donde debemos; en ocasiones usamos excusas para auto perdonarnos; "estoy apurado"; "será sólo por esta vez". Hacemos compras generalmente más de una vez a la semana, si usamos el número de habitantes que nos acompañan y hacemos cuenta, tendremos algunas respuestas de lo complicado de ser, "mayoría". No debemos renunciar a ser como somos o a nuestras obligaciones, porque "algunos" pocos lo hagan; ya que creara un círculo infinito.

Muchos dedican todo su interés en algo, que a otros no les interesaría dedicarles un segundo. Ese es un factor determinante en la vida social. Hablando con personas, recibí la impresión de que ven complicado que otros sean capaces de dejar de comprar algo necesario que aumentó de precio, para un mejor futuro o con un fin colectivo; fueron con mayor sabiduría los que más rápido advirtieron un eminente fracaso al tema.

Muchos no están conscientes de que el aumento en los precios es un gran problema que está en nuestras manos; sobre todo personas muy jóvenes que recién se integran a este presente; por su edad, sus padres se encargaron de proveer lo necesario, en épocas de abundancia y desconocen la devaluación del dinero; no tienen siempre para pagar todo lo que compran, pero cuando obtienen una fuente de entrada, no están educados a ser celosos con la adición, ¿cómo van a saber? si ni siquiera, sus padres lo hacemos. Sería interesante que evaluaran juntos esos errores. Sabemos que hay muchas maneras de estar informados, pero, el descontrol en esta cadena sigue siendo una tendencia general, que sin tener conocimientos de economía podemos ver que es siempre ascendente.

Aunque hemos logrado innumerables avances, el ser humano tiende a ser temeroso con los cambios; sabiendo que no son fáciles, sobre todo cuando estos involucran multitudes. Teniendo en cuenta que generalmente seguimos a los que tienen más sabiduría, que, inevitablemente, verán un muro de problemas reales. Personas cuestionarán lo que piensas y a su vez lo harás con otros, no hay nada malo en eso; sólo serán importantes los resultados.

Hay muchos temas por los que podemos interesarnos; Política; Deportes; Historia; Entretenimiento; etc. cada uno elige según sus intereses. buscar información; aprender; es importante y puede ser cautivador; es bueno lograr tener educación en lo que nos apasiona. Tal vez a un gran número de personas les interese un asunto en específico; Sin embargo, documentarnos en el tema de los "cambios" (que nos afectan a todos) es importante, si intentamos el lograr controlarlos. Si nos unimos, con educación y una meta, no sólo haremos que la economía sea más estable, nuestro estado de ánimo también llegará a notarlo.

No parece justo unirnos para lastimar a quien ofrece algo a cambio de dinero; no es lo que queremos: ahora, cuando todos los que ofrecen algo, aprendieron unidos a elevar sus precios y nos están lastimando, no se logra un balance en la justicia. El que ofrece un negocio, no tiene escrúpulos en sus precios, "como debe ser", así que nosotros debemos aprender a defendernos de esos aumentos, "como debe ser".

En la historia vendedores destruyeron sus productos para no bajarlos de precio, una iniciativa de sacrificio digna de elogiar. No queremos que algo así suceda. Es que ahora los productos, "TODOS", están sobre valorados; sin importar su costo de producción, están jugando con la necesidad que tenemos de mantener la costumbre de adquirir. Personas estarán involucradas en este tema, otras no; juzgar las decisiones de otros no debe ser nuestra meta, aunque, ya es tiempo de decidir qué haremos al respecto como compradores. Ahora estamos bastante limitados en la unión, pues no tenemos un patrón de referencia, pero eso puede cambiar si nos lo proponemos. Comparando periodos, económicamente vivimos uno complicado; así que el intentar mejoras unidos, de algún modo, es parte de la ayuda que estamos todos esperando.

Que los presidentes usen modificaciones económicas en las elecciones para manipularnos y ganar votos, es delicado; puede que, con tal de ganar su puesto, sacrifiquen los verdaderos intereses económicos del país, que como todos sabemos, por la manera en que está la economía, nuestra dirección, hace mucho tiempo, no ha logrado un resultado alentador. Si hacen cambios ineficaces en los impuestos es porque lo permitimos, unidos podemos oponernos si es preciso. Como parte primordial en su agenda debe seguir muy de cerca nuestros problemas y su mejoría, no sólo el de los más necesitados, que reciben ayuda gracias a los que no lo son, sino precisamente, el de quien produce para que exista ayuda. Que regresen las fábricas e industrias debe ser prioridad y meta de quien ocupe ese puesto, pues fue desde ahí que se perdió, únicamente a ese nivel se negocia con leyes; tratados y aranceles. un cambio radical, que impida que la producción siga emigrando; favorecer en ayuda a los ciudadanos para que recuperen sus negocios y vuelvan a generar trabajos, los que a su vez reportarán ingresos para poder "ayudar" cuando se necesite.

Un tema complicado es la repercusión que tiene el voto o apoyo en algún asunto; pensamos que un voto no va a cambiar algo. Un voto dentro de millones de votantes será insignificante; si miles de personas se ajustan a ese criterio, se ve claramente que "SÍ", es importante; agregando que ya va siendo tiempo que, "Votar" sea más fácil que pasar horas en una fila, sin condiciones o enviar un correo, que no se sabe a dónde va a parar. Es tan ridículamente secreta, la opinión en las elecciones; que ni nosotros mismos tenemos cómo comprobar adonde fue a parar lo que aprobamos. Es hora de tener un lugar en las redes, donde podamos ejercer nuestro voto y podamos de una forma privada, revisar que votamos cada año. Al menos tendremos confianza que nuestro voto cuenta, de la forma en que lo decidimos, haciendo práctico el recurso.

Si hay una situación en la que se necesite llevar a votación algo, puede ser complejo. Supongamos que, de un grupo, la mayoría está de acuerdo en alguna situación que aparentemente está correcta, una pequeña parte del grupo no está de acuerdo, los que lo están no ponen mucho interés en el asunto, pues creen que todo debe quedarse como está. Los que no están de acuerdo harán presión para algún cambio y en una votación al respecto, si los que están de acuerdo no hacen valer su opinión, es posible que la minoría logre tener mejores resultados y ganar sus demandas. Expresar nuestra opinión es muy importante.

Negocios al otro lado del océano

La economía ha tenido momentos que, gracias al esfuerzo de nuestros empresarios, llegó a considerarse de mucho éxito; tal vez eso ha hecho que pensemos que sigue siendo así. Creamos, como país, planes de ayuda basados en esos logros, pero, aun los mantenemos, sin tener los mismos ingresos. Con "cambios", lograron hacer desaparecer tanto esfuerzo. Básicamente; pasamos, de fabricar y ambicionar la perfección a un precio justo, a privarnos de la calidad y comprar todo más caro.

Por otra parte, los propietarios buscan salida, pues no pueden subsistir con lo que ganan; se encuentran con un sin número de restricciones; (más cambios). ¿Cómo permitimos aprobar tantas limitantes en lo que podemos hacer en nuestra propiedad? incluso, haciendo alguna aplicación legalmente. Claro que hay respuesta; la falta de educación y los líderes con más sabiduría, con los recursos para no necesitar de sus propuestas y un modo de vida que permita las limitaciones que proponen. No es posible arreglarlo todo, pero si, exigir un estudio profundo antes de imponernos "cambios", que al final nos perjudiquen, promovidos ultimadamente por los que necesitamos nos ayuden.

Como es lógico, aparece el desempleo y como consecuencia vemos como todas las ventajas, que teníamos, disminuyen; ya no producimos como antes y eso nos ha golpeado. No solo pagamos fluctuantes impuestos por las ganancias; para "proteger" obras, clientes o trabajadores, le permitimos a los líderes, a través de los años, que multiplicaran, tan rápido o más que los precios: "Reglas necesarias", sin un estudio profundo en el campo de la inversión. Al ser implementadas; llegaron a ser desventajosas para empleados, negocios y nuestro país. Los códigos de todo tipo se han incrementado en las últimas cuatro décadas, a un ritmo que no hay modelo financiero para un negocio, que resista. Los que trabajamos, estamos un poco al margen de ese peligro, sólo los empresarios se enfrentan a esos agresivos cambios, que en ocasiones no pueden mantener. No son solo los impuestos los que obligan a un negocio a cerrar sus puertas; el excesivo incremento de gastos de salario y la obligatoriedad de asumir nuevas medidas, también lo hace. Nos ajustamos a el presente, pero en realidad, forzados a evitar obligatorios requisitos; el modo de producir, logros, experiencia, tecnología y fundamentalmente las fábricas, se han exportado a lugares con mayor libertad de operación. No está mal como principio, "proteger", la integridad en Obras, clientes o trabajadores; pero, si esas modificaciones inducen como resultado, el cierre o traslado a otro país, de entidades que funcionaban; lastimando o dejando sin trabajo a los empleados o creando un aumento en el precio que incurrirían los clientes, obligándolos a no continuar con sus proyectos; el intento de mejora se convierte en causa de mal, haciendo que la solución, a largo plazo, no priorice las necesidades de la mayoría, sin alcanzar un buen diseño.

Sería tal vez apropiado, que quien impone las leyes y recauda ganancias por nuestros ingresos, al imponer nuevas medidas que consideran necesarias; asuman el gasto de esos importantes cambios; lo que hará sin duda, sean más prudentes al aplicarlos; sin agobiar al final, los ingresos de para quien son diseñadas. Muchos pensarán:

"¿Cómo el gobierno podrá pagar por nuevos códigos?" de esa misma forma, los negocios no podrán, motivos de mucho peso, por los que hemos desbastado la economía.

Todo el que hace un negocio, intenta ganar algo, generalmente dinero. Como todos sabemos, las pequeñas empresas son una gran mayoría en nuestra economía, si la cantidad de dinero que hacemos no es suficiente, crearía una mayor cantidad de problemas para quienes las manejan; el negocio que fue creado para que reportara ingresos, en ocasiones no lo haría; además de no poder pagar lo necesario, como: Impuestos y tal vez un seguro de compensación, que en términos de seguro, es lo mínimo que un empleador debe tener para sus empleados; así no incurrirá, en violaciones, para poder seguir con la empresa.

¿A quién culpamos por eso? Tal vez, falta de experiencia, pero debemos aprender a no afectar a los empresarios, porque terminaremos lastimando todo lo demás; permitir cambios es muy delicado y debe evaluarse muy bien la implementación de ellos. Debemos velar por la seguridad y buen funcionamiento de las crecientes necesidades de nuestra realidad, códigos, leyes en el presente, pero no podemos con ello afectar el futuro, la palabra clave es "CAMBIOS". debemos ser muy precisos al implementarlos.

Si las industrias crecen, por lógica, también lo haría el país y con la correcta mesura, más capital se podrá usar en mejoras y cambios necesarios en todos los campos. Es prioridad ayudar a quien lo necesita, también lo es: el cerciorarnos de que existan los recursos para hacerlo. Compartiríamos lo que tenemos, cuando siendo justos, determinamos que es suficiente, pero no podemos ser obligados a regalar lo que necesitamos. Mientras más producimos, mayor la cantidad de que dispondremos para ayudar. De cualquier forma, lo importante será recuperar nuestra economía.

Cuando se hacen cambios en los negocios, es vital que se haga un presupuesto acorde a los ingresos, para no afectar su funcionamiento financiero. Cualquier cambio o gasto que hacemos puede (lejos de ayudarnos) ir en contra de la salud de nuestra inversión. Si los nuevos requerimientos que nos imponen nos obligan a gastos que no podemos asumir, tendremos que buscar una solución. Se demostró que, mudando las empresas a otros países, inversiones tuvieron jugosas ganancias; por un sin número de razones, traer productos terminados fue todo un éxito para los empresarios; como es lógico, más ingresos con menos gastos siempre será mejor.

Si una persona propone una adición o cambio al código actual; no hay manera de detenerlo; generalmente son detalles importantes, que suponen más seguridad o mejor terminación. En ocasiones la cantidad de cambios en algunos libros de códigos son de miles cada vez que sale uno nuevo; sin embargo, otro tipo de cambio que nos favorezca a los ciudadanos o empresarios, para sobrevivir el presente; posiblemente no llega a ningún lado. Si nos imponen un gasto, sin evaluar si tenemos suficientes ingresos para asumirlo o no ser afectados; estarán atentando contra nuestra economía y es una de las razones que nos ha hecho tan vulnerables como empresarios.

Es común al ver abrir un negocio, el pensar que va a tener mucho éxito; no es de esa manera. Las posibilidades de que un negocio sobreviva el primer año son pequeñas; las estadísticas de cuánto duraría, antes de cerrar sus puertas, son alarmantes. Aun así, la imposición de reglas no detiene su aumento.

En estos tiempos, cada vez que compramos algo que era de producción nacional y no está hecho en nuestro país, debemos reflexionar; ¿con qué estamos contribuyendo? Mira a tu alrededor y comprueba, dónde está hecho todo lo que te rodea; no podemos dejar de comprar, pero, trata de cuantificar los millones de empleos perdidos; cuánto freno a la economía, por falta de atención a los "cambios". Aun no culpándonos por todo, millones de ventas están cruzando las fronteras, en su mayoría, en un solo sentido; sin un diseño económico, que nos de ventaja en algún modo; estaría bien adquirir materia prima, para fabricar lo que necesitamos, pero, recibir del exterior productos que antes fabricábamos, terminados o para que sean ensamblados por nuestros obreros; con la tecnología y el desarrollo que hemos alcanzado, no constituye un logro del que podamos sentirnos orgullosos. Definitivamente culpa de la pasividad, al aceptar "cambios" y líderes que nos llevaron a esos resultados. A otros países, poner sus productos en nuestras tiendas, les cuesta una fracción, de lo que a nosotros producir; dejando a nuestros fabricantes fuera del mercado.

Fabricar con calidad, se logra con experiencia; eso lo estamos perdiendo producto de muchos antiguos y exitosos negocios cerrados. No sólo estamos lastimándonos en el presente; esos empresarios extranjeros, logran tener el capital, para comprar lugares importantes en la economía y con el tiempo, también en nuestro país.

Si impulsas un auto y luego lo apagas, seguramente, recorrerá una distancia sin dificultad, dependiendo de la velocidad que logró alcanzar, mientras se impulsaba cuando el motor estaba encendido. Así es, prácticamente, cómo estamos viviendo en la actualidad; lo que indica lo grande que llegó a ser la economía en el pasado, pero, no podemos esperar a que nuestro, "auto", se detenga.

Todos sabemos que producíamos mucho y la calidad era siempre una meta innegociable, lo que lograba satisfacción a los consumidores y reportaba altos ingresos; no sólo a los trabajadores y dueños de empresas sino también al gobierno, por concepto de impuestos. Al perder una gran cantidad de nuestra producción, mayormente nos quedamos con la transportación y las ventas de todos esos productos.

Sabemos que las fábricas abandonan el país. ¿Qué podemos hacer? ¿Están nuestros líderes trabajando en recobrar lo que nos han hecho perder en todos estos años? ¿Han encontrado el modo de traer de regreso nuestros negocios? ¿Saben realmente que asfixiaron la economía con cambios?

El impuesto aduanal en las importaciones; es un tema importante que debe resolverse. Si alguien se llevó su negocio a otro lugar, para obtener más ingresos; ahora como resultado, hay que ayudar a quien se quedó sin trabajo; esos impuestos a las importaciones deben subir sin discusión, de una manera sustancial; para contribuir en mantener a ese desempleado que fabricamos y retar a la importación de lo que podemos fabricar nosotros mismos.

Es fácil entender, que hace algunos años los salarios fueron afectados por la competencia, al recibir emigrantes; es sólo eso, algo del pasado. Ahora existen leyes que controlan ese fenómeno y si no son suficientes y efectivas, se pueden hacer cambios que favorezcan nuestra mejoría económica. Lo importante es que ya no tenemos suficiente trabajo para nosotros mismos. En la actualidad estamos acostumbrados a aceptar, porque no tenemos opciones.

Todos vemos como prácticamente desaparece "MADE IN USA", de la mayoría de los artículos que consumimos regularmente; cómo nos convertimos en vendedores de lo que antes éramos fabricantes. Fabricar, emplea muchas personas, eso lo perdimos, lo que nos afectó económicamente a todos los ciudadanos e incluso al país y no vemos el momento en que se logre traer todas esas fábricas y conocimientos de regreso. ¡Queremos fabricar nuestros artículos como antes! Podemos competir con las mejores universidades de todo el mundo; sin embargo, en el presente tenemos estudiantes y graduados, que no tendrán el empleo que necesitan, pues está fuera de nuestras fronteras, el lugar donde tendrían oportunidades. Si tuviéramos esa fuente que perdimos, la migración no sería un punto negativo en ese aspecto, necesitaríamos más personal para mover esas crecientes industrias. Muchas cosas haremos, pero debemos entender palabras como: Información y Unidad.

Qué hacer

No debemos aislarnos; tomar decisiones apresuradas; crear o participar en disturbios, protestas, violencia. Además de ser cosas que no ayudarían en este tipo de cambios, estamos hablando de economía y seguridad para nosotros y de quienes queremos. Hay siempre un pequeño grupo que estará buscando un motivo para, robar, destruir etc. Eso puede restarles credibilidad y respeto a los fines. Si ven oportunidad, delincuentes aprovechan cualquier manifestación para cometer actos indebidos a los que no debemos unirnos. Usar el sentido común es primordial; debemos mantener la postura en un nivel, que se vea cuando individuos sólo quieren provocar desorden, que no es la meta. Por diversas razones "desconfiar" es parte de la reacción, pero, apoyarse en una guía profesional, sería sólo al comienzo; a partir de ahí, cada persona será responsable por mantener lo que logremos. Ser muy cuidadosos en escoger la institución que nos de apoyo. A muchos nos molesta ser controlados, estar asustados o querer hacer nuestro propio método puede que retrase lo que podemos hacer juntos; tenemos que actuar ordenadamente la mayor cantidad de personas para que al inicio funcione.

No comprar, nunca será la solución, ser meticulosos al aceptar cambios en cosas que conocemos o se nos imponen, "si". Negarse a pagar un costo, que ha sido registrado anteriormente inferior, no es un delito; usar la violencia o incumplir la ley, para lograrlo, lo convertirá en uno. Existen leyes que regulan la manipulación maliciosa de los precios; tenemos que esquivar hechos aislados y actuar siempre cumpliendo con la ley.

Si usamos nuestro particular modo de ver; nos rodean: Muchas personas "buenas"; algunas "regulares" y muy pocas "malas"; las últimas "**RESALTAN"**, dándonos la impresión de que el mundo está plagado de ellas, pero tal vez puedas saber con qué contamos, haciendo tu propio inventario.

Cuando la situación llega a un punto extremo, las soluciones generalmente son a esa altura. Debemos entender que la situación es grave, no queremos atentar contra nuestra propia seguridad económica o de los negocios, pero, debemos entender que estamos en un tiempo económicamente intenso; como consuelo, debemos saber que lo provocamos nosotros mismos, por no estar atentos a los cambios. Lo que una persona haga, siendo un hecho aislado, puede o no, tener atención; lo que, al unísono, una sustancial cantidad hagan, definitivamente, aun no teniendo resultados, tendrá mucha más atención por razones obvias.

Confundidos

Tener "poco", desarrolla la habilidad de asignarle metas a la imaginación, "se me va a ocurrir algo", "ganaré la lotería" o "Algo tiene que pasar", todos son sueños posibles. Las personas inteligentes con pocos recursos tratan muchas cosas, intentando mejorar su situación. "parece que esto sí va a resultar". Después de un tiempo, es más fácil contabilizar un fracaso. comienzan otro proyecto y eso deja un poco atrás las esperanzas de la antigua idea.

A veces confiamos en ideas de Líderes, que prometen y no siempre se cumplen o sencillamente no funcionan; les ha pasado a muchos países por años, con ideas como el "Socialismo" o "Comunismo", que, para cualquier persona de modesta economía y sueña con que no sólo un pequeño grupo tenga; sino que la gran mayoría deje de tener necesidad, promete ser de gran ayuda y después de mucho esperar, por la ineficacia de sus propuestas, nunca lograron mejoras económicas sobresalientes, números interesantes de desarrollo o mejoraron su economía, ni el sistema, ni los que creyeron en él. "Líderes" que buscan seguidores les es fácil prometer mucho a los que tenemos poco, para así, colocarse en el poder. La historia de ese sistema siempre terminó diferente. Al final; después de someter a la mayoría a un sin número de medidas de represión para mantenerse en el poder; sólo un pequeño grupo al mando se instala en la abundancia; resultados muy lejos de lo prometido.

Aun teniendo la responsabilidad de pronunciarnos ante el aumento, no debemos sentirnos culpables por no combatirlo antes; formamos parte de un mundo que está en constante ajuste. Muchos males en la sociedad; son sólo, desacertados diseños de nuestros antecesores. En el presente, en el planeta, hay suficiente agua y espacio para todos; aunque les pertenece por ser habitantes de él, a muchas personas no les llega ese derecho. Somos capaces de crear tecnologías que impresionan; pero, nos es muy difícil; mejorar y aprender de los problemas que surgieron como resultado a nuestras acciones.

Está claro que debemos prestar mucha atención a lo que puedan decir personas que conocen de economía, en el tema del aumento de los precios y reglas, pero, sería de mucha ayuda para la mayoría que, en vez de enfocarse en orquestar deficiencias y conceptos que nos retenga en la situación económica actual; "Estén dispuestos" a promover un sistema efectivo, que permita finalmente, un "cambio" a nuestro favor.

El aumento en precios y reglas es, sin lugar a duda “un mal” que, con la atención necesaria, puede ser superado.

"¿Por qué no hacer del futuro, un pasado diferente?".

Made in the USA
Middletown, DE
19 April 2024